平井こどもクリニック

民法大改正で日本の家づくりが変わる

2020年、70年ぶりに民法が大改正される。

それにより家づくりでは、断熱性能の長期保証が義務となる。

断熱性、気密性を20年以上保証し、かつ、壁内結露が発生しないことを実現しなければならない。つまり、新築当初だけの断熱性能では、高断熱高気密住宅と評価することはできず、長期間、性能を持続できることが義務となる。

したがって、断熱・気密工法はメンテナンスしながら性能を維持することが要求され、これまでの「化学の家」のように、壁の中に化学材を埋め込み完成させていた高断熱高気密住宅では、断熱性能の長期保証はできない。

必ず劣化する化学の断熱材や化学の気密材を、壁の中から取り出して、交換したり修復することは不可能であり、法律を遵守できない住まいは資産価値を失い、建て主にとっても建設会社にとっても大きなリスクとなる。

化学材では一生ものをつくることはできない。

これまでは「化学の家」。これからは「木学の家」。私たちは、木の力に学び、断熱性、気密性の修復再生ができる持続可能な住まいを、未来へと残していかなければならない。

環境建築人.jp

脱プラ・脱化学材の住まい

「脱プラ・脱化学材の住まい」

木《き》学《がく》の家

松岡 浩正

現代書林

はじめに

これまでは「化学の家」、これからは「木学《きがく》の家」。木に学び、木の家と暮らす

海岸に打ち寄せられた、ペットボトルや発泡スチロールなどのゴミの山。ニュースなどでたびたび映し出されるこうした映像に、心を痛めている人も多いでしょう。プラスチックゴミの問題は、いまや世界中の関心事になり、今年（２０１９年）大阪で開催されたG20の大きなテーマになりました。

日本では、非常に多くのものがプラスチック材や化学材でつくられています。いま、皆さんがお住まいの住宅やマンション、アパートにも、じつは多くのプラスチック材、化学材が使われています。いや、家そのものが化学材でできている、と言っても過言ではあり

ません。

私たちは30年前から、住まう人にとってほんとうに良い家とはどのような家なのか、模索してきました。導き出された答えは、「安全性」「長寿命」、そして「未来の地球に負担をかけない」住まいでした。住まう人にとって安全で長持ちし、その家が寿命を終えて解体されるとき、未来の地球にとっても安全であること。

こうした共通認識のもとに集まったのが、「環境建築人」です。メンバーは、志を同じくする全国の工務店の方々。私たちは人にも環境にもやさしい住宅を求めて、何年も勉強会を重ね、海外研修も行ってきました。

そのとき参考にしたのが、ドイツでした。私たちは1999年から、住宅先進国であり、環境先進国でもあるドイツの家づくりを研究し、ドイツの技術を学び続けてきました。そして、決めたのです。住宅からプラスチック材も化学材も排除することを――。

私たちの取り組みは、まず家の外皮から始まりました。外皮とは、屋根、外壁、床といった、家の外側をぐるりと覆う建築材のことです。これまでの高断熱・高気密住宅では、外皮の中に、化学材でできた断熱材や気密材が埋め込まれており、時とともに劣化します。しかし、劣化したときに、取り除いたり、メンテナンスをしたりすることができません。そのため断熱性能や気密性能が長持ちせず、結露の原因になります。これが、家の寿命を縮めてきました。

化学材による高断熱・高気密工法では、断熱・気密性能を長く持続できないのです。それを知りながら、多くの建設会社は化学材による高断熱住宅を建て続けてきました。

私たちはもう、化学材の断熱材や気密材を使うことを、やめたのです。

これまで私たちは化学に学び、「化学の家」を建て続けてきました。しかし、これからは、木に学ぶ「木学の家」です。自然素材でできた「木学《きがく》の家」は断熱材が長持ちし、仮に不具合が起きても、部分的に再生・修復できます。「木学の家」は日本で初めての、持続可能な高断熱・高気密性能を持った住まいなのです。

２０２０年。70年ぶりに、民法が大改正されます。家を新築するとき、契約書にその家の断熱性能を表示し、20年間その性能を保証することが義務付けられるのです。

ところが、日本にはいま、断熱性能を20年も持続できる技術がありません。化学材では、それが不可能なのです。しかし、「木学の家」なら、それが可能です。木には、暑すぎる日差しや熱を遮ったり、いったん取り入れた熱を保持したりするなど、化学材にはない素晴らしい才能があります。私たちの「木学の家」も、木でできた外皮に高い断熱・気密性能があり、それを長く持続できるのです。

家は、どんなに長持ちする家でも、いつか必ず解体されます。そのとき、産業廃棄物になるような化学材をたくさん使っていたら、環境を汚染する原因になります。しかし「木学の家」なら、未来の地球に負担をかけることはありません。家づくりには、「使うべきもの」と、「使ってはいけないもの」があります。

「化学の家」から、「木学の家」へ。断熱材にこだわり続け、私たちが30年かけてめざしてきた住まいが、天然の木でできた「木学の家」です。このドイツ生まれのエコ住宅は、「私も、未来も美しく」という、私たち環境建築人のコンセプトをそのまま形にした住まいです。

本書では、天然の木を使った家の外皮を中心に、「木学の家」の素晴らしさを皆さんに知っていただきたいと思っています。

私たちは、「いま」だけでなく、「未来」の環境にも責任を持たなければなりません。未来の子どもたち、未来の地球のことを思い、いまできる限りのことを実行していきたいと考えています。そして、この新しい住まいの提案が一人でも多くの方に受け入れられることを願っています。

2019年秋

環境建築人・代表　松岡浩正

脱プラ・脱化学材の住まい　木学の家●目次

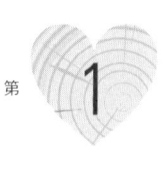

第2章

問題だらけの「化学の家」

第3章 私たちが行き着いたドイツの家づくり

第4章 「木学の家＋ゼロ冷暖」で極上の快適空間

——「木学の家」の遮熱・蓄熱力とゼロ冷暖

第5章

木の窓と透湿外皮がつくる安全な住まい
――「木学の家」の防露・防犯・防火・遮音力

第6章

修復できるから長く住まえる

──「木学の家」の修復力と経済性

第7章

未来の子どもたちに残したいもの、残してはいけないもの

第1章

私たちが提案する「木学の家」という新しい住まい

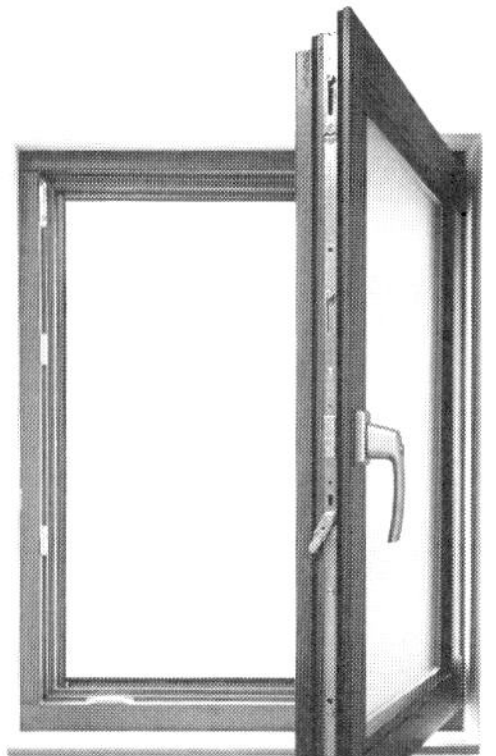

長寿命住宅への思い

「木学の家」――それは過去に実現できなかった「奇跡の性能を持つ家」と言っても過言ではないでしょう。その性能について詳しくは後述しますが、まずは「奇跡の性能を持つ家」に出合うまでの私たちの道のりから、お話ししていきたいと思います。

21歳のときに初めて行った、ヨーロッパ旅行。そこには、100年、200年前に建てられた住宅があり、そこでふつうに暮らしている人々の生活がありました。私は、その歴史を刻んだ街並みの美しさに感動を覚えるとともに、古い住宅が壊されずに住まい続けられていることに、強い衝撃を受けました。

いま振り返れば、そのときの衝撃が私に、「環境建築」という大きな気づきを与えてくれたのだと思います。

この旅行を皮切りに、私はヨーロッパ中を歩きまわり、多くの企業をたずね、その地の住宅や住宅事情を見てまわりました。ドイツ、イギリス、フランス、スイス、スウェーデン、イタリア、ベルギー、さらに足を延ばしてカナダやアメリカまで……。
ヨーロッパの住宅を深く知るにつれ、私の中で日本の住宅への失望が大きくなっていきました。日本の住宅は、建てたときがいちばん美しく、その後は汚れていく一方です。私が初めて建てた住宅も、築34年しかたっていないのに、いまではすっかり色褪せて、新築当時の面影はありません。

手元に、こんなデータがあります。ドイツ79年、イギリス75年、アメリカ44年、日本26年。国土交通省が試算した、各国の住宅の平均寿命です（平成8年「建築白書」）。日本の住宅の寿命は、26年しかない。この数字を見たとき、私は愕然としました。

26年という寿命は、26年で住めなくなるわけではありません。まだ住める家でも、いろいろな理由で人が住まなくなり、取り壊されていきます。汚くなったから、資産価値がなくなったから、住む人がいなくなったから……などの理由で。そして、壊された家は大量のゴミになります。

日本では、家の耐久性と寿命は違います。しかしヨーロッパでは、家の耐久性と寿命はほぼ同じです。その家がある限りは、人が住まい続ける。そのために、人々はこまめに手入れをし、補修をします。そうやって、家を長持ちさせているのです。

飛行機で10時間も移動すると、そこには日本では考えられないような、100年、200年たった住宅が、歴史的建造物でもなんでもなく、普通の人が暮らす居住空間として存在しています。そこに、日本とヨーロッパの間にある、住まいに対する価値観の違いを感じずにいられません。おそらくそれは、住まい方だけでなく、生きるうえでの価値観の違いにも通じるものだと思います。

日本でも、100年長持ちする住宅をつくりたい。ヨーロッパをまわって、強くそのことを望むようになりました。建築人としての歩みは、そこから始まったといってもいいと思います。

高断熱・高気密にこだわり続けて30年

日本の住宅の寿命が26年しかないのは、なぜでしょうか。その理由はいろいろ考えられますが、「長持ちしない」こと、「美しくない」こと、「メンテナンスができない」ことの三つだと思います。この三つは違うことを言っているようですが、じつは同じことなのです。

日本の住宅が長持ちしない大きな原因は、「結露」しやすいことです。結露とは、寒い日などによく見かける、窓や壁についた水滴のこと。結露は、窓や壁に発生するだけではありません。床や壁の中など、構造材の内部にも発生します。見えるところに発生する結露を「表面結露」、構造材の中にできる結露を「内部結露」といいますが、住宅でとくに問題になるのは、後者の内部結露です。

壁の内側や天井材、床下などに内部結露が発生すると、家を支えている構造材が湿って腐敗菌が増殖し、そこから腐食していきます。土台、柱、壁などの構造体が腐食すれば、住宅は長持ちしません。

また、カビも発生しやすくなります。カビは湿度80%の環境でもっとも発生しやすく、このカビを食べてダニが繁殖します。つまり、カビとダニの発生環境はほぼ同じで、カビのあるところにダニが繁殖し、ダニがいるところにはカビが発生するのです。その環境をつくっているのが、結露なのです。

結露によって木材に腐朽菌が発生すれば、シロアリの生息地にもなります。シロアリに土台や柱、床下などが食い荒らされると、家はさらにもろくなります。

壁内結露はいろいろな条件で起きますが、いちばんの問題は断熱性能や気密性能の低下です。断熱・気密性能が低下して外の冷たい空気が室内に入ると、室内の暖かい空気が急激に冷やされて結露になります。ですから結露を防ぐために、持続可能な高い断熱・気密性能が求められるのです。

私たちはこれまで、少しでも住宅の断熱性、気密性を高めようと、さまざまな断熱材や気密材を使ってきました。良いと思われるものは、すべて試しました。

ところが、どんなものにも必ず欠点や問題点があって、納得いくような結果は得られませんでした。そして、ようやく気がついたのです。日本の断熱材や気密材を使っている限り、結露は防げない、ということに。なぜかといえば、日本の断熱材も気密材も、化学材でできているからです。

自然素材・エコボードとの出合い

日本の断熱材を諦め、私たちが活路を求めたのは、海外の断熱材でした。

自然素材の各種エコボード

私たちはヨーロッパを中心に、さまざまな国の建築物や住宅事情を見てまわりました。そのなかでとりわけ心を奪われたのは、ドイツの住宅でした。ドイツは冬が長くて寒さも厳しく、ほぼ全土にわたって雪が降ります。そういう厳しい環境の中でも、耐久性のあるすぐれた家づくりが行われていたのです。

とくに断熱材は、ドイツに勝るものはありませんでした。ドイツでは、環境保護と生活エネルギー節約のため、国を挙げて省エネ対策に取り組んでおり、住宅の断熱性能にも厳しい基準があるのです。

２００２年、そのドイツで私たちが出合ったのが、G社の木からできた断熱材でした。

ドイツでは、日本で一般的に使われているグラスウールの断熱材は、使用が禁止されています。結露が防げないうえに、発がん性があることがわかったからです。その代わりによく使われているのが自然素材の断熱材で、とりわけ木質繊維板からできた断熱材が広く採用されています。木質繊維板とは、木のチップの繊維を圧縮して固めたボードです。

エコボードもその一つで、高い断熱性能を持っています。たとえば外気温が高いとき、エコボードは外気温の熱を吸収してなかなか室内に放出しません。簡単に、熱が逃げていかないのです。その吸収し続ける時間は、8・2から12時間にも及びます。もともと木には、2100J（ジュール＝エネルギーの単位）という、高いエネルギーを蓄熱する力があるのです。

またエコボードには、「透湿性能」というすぐれた性能があります。水蒸気が断熱材の中を移動できるので、表面結露はもちろん、内部結露も防ぐのです。したがって結露によって起きる腐食やサビ、カビやダニの発生から構造体を守ることができます。

それ以外にも、防火性能、遮音性能、耐水性能など、数々のすぐれた性能を併せ持っています。こうした性能についてはあとで詳しく説明しますが、その優位性については、すべて私たちの実験で証明されています。

私たちはG社と長い時間をかけて打ち合わせを重ね、2004年の秋、ついに日本仕様のエコボードを完成させました。この年、エコボードは日本の厳しい防火試験に合格し、すぐれた断熱材であるという国土交通省の認定を取得したのです。

このエコボードの完成によって、私たちの家づくりは180度変わりました。木の断熱材で建物の外側をすっぽり覆う「外張り断熱工法」が容易にできるようになり、結露を防ぎながら高い断熱性能を維持できるようになったのです。

私たちが高断熱・高気密性能に取り組んだのは1990年のこと。ようやくめぐり合ったエコボードによって、私たちがめざしてきた「持続可能な断熱気密工法」を取り入れた家が完成したのです。それが、私たちの提案する、「木学の家」です。

木に学ぶ、「木学の家」

これまでは、化学に学んだ「化学の家」、これからは、木に学ぶ「木学の家」です。

私たちの身近には自然素材がたくさんあります。日本人は昔から、木と紙でできた家に住んできました。それは木が、私たちのまわりにふんだんにあり、木だけが循環再生する資源だからです。

意外に思うかもしれませんが、日本は世界有数の森林大国です。日本の国土の68・5%、つまり3分の2は森林です。日本の森林率は、先進国（OECD加盟34カ国）のなかでは2位で、フィンランドに次いで高く、ほぼスウェーデンと並んでいます（世界森林資源評価2015国連食糧農業機関より）。

日本人が昔から木の家に住んでいたのは、自然のことだったのです。

ところが戦後、日本の住宅は様変わりしました。戦後の住宅難を解消するために行われた持ち家政策で、住宅が大量生産されるようになったのです。それによって木の家の文化は失われ、木造家屋は化学建材の家に変わっていきました。それが「化学の家」です。

「木学の家」の外皮は、屋根も外壁も床も、すべて木の断熱材（エコボード）でできています。そして窓は、木の枠を使ったドイツの高性能窓「ジャーマンウィンドウ」を使っています。この窓と断熱材が一体になった外皮により、高い断熱性能と気密性をもった、結露のできない家が誕生しました。そこには、ドイツのものづくりの精神が至るところに生かされています。

ドイツの家づくりについては第3章で触れますが、私たちは断熱材や窓だけでなく、内装材、塗料など、多くの建築部材にドイツ・メーカーのものを使っています。日本には、私たちの要求に応えられるような、高品質のものが残念ながらありませんでした。

「木学の家」は水蒸気の移動を止めずに結露を防ぐ透湿外皮

「木学の家」のいちばん大きな特徴は、断熱・気密性能が高く、透湿性で結露を防ぐことです。それはエコボードを使っているからですが、なぜエコボードの断熱材は透湿性により結露を防止できるのか。それについてお話しする前に、なぜ結露が発生するのか、説明しておきましょう。

空気中には、目には見えませんが、常に一定の水蒸気が含まれています。空気は温度によって、その中に含められる水蒸気の量が違います。暖かい空気ほどたくさんの水蒸気を含み、冷たい空気ほど少なくなります。

冬の、暖房で暖められた空気には、たくさんの水蒸気が含まれています。しかし外気などの影響で温度が急激に下がると、その空気が冷やされて小さくなり、水蒸気を蓄えきれず、結露になるのです。

構造材の中にできる内部結露も、基本的には同じです。とくに断熱材は、その材質や工法から、結露が発生しやすくなります。

日本で行われている断熱工法では、断熱材は気密材とセットで使われます。気密材で密閉して空気の移動を妨げ、結露の発生を防止するのです。ところが、気密材を隙間なく施工できなかったり、気密材がはがれたり、劣化すると、水蒸気を含んだ空気が断熱材の中に入ってしまいます。断熱材は湿気を含むと断熱性能も低下して、結露が発生します。

このように日本の断熱工法は、気密材で水蒸気の壁内への進入を止めて断熱性能を維持する工法です。しかし気密材がうまく機能しないと、結露をつくってしまいます。この、水蒸気の流れを止める「非透湿外皮」で、「化学の家」はつくられています。

一方のエコボードは正反対の考え方で、結露を防止しています。水蒸気の移動を止めるのではなく、水蒸気を移動させて結露を防ぐのです。この透湿外皮によって、水蒸気が断熱材の中に入っても、必要に応じて外に出ていけば、温度が変化しても結露は発生しにく

透湿外皮

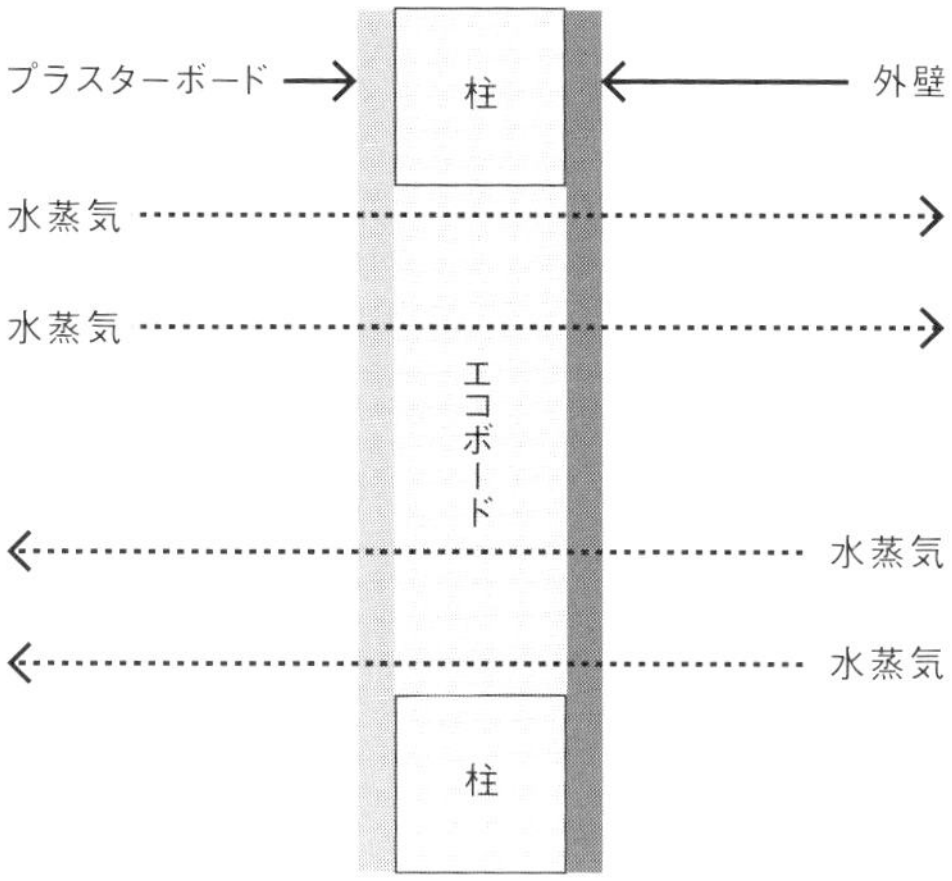

非透湿外皮

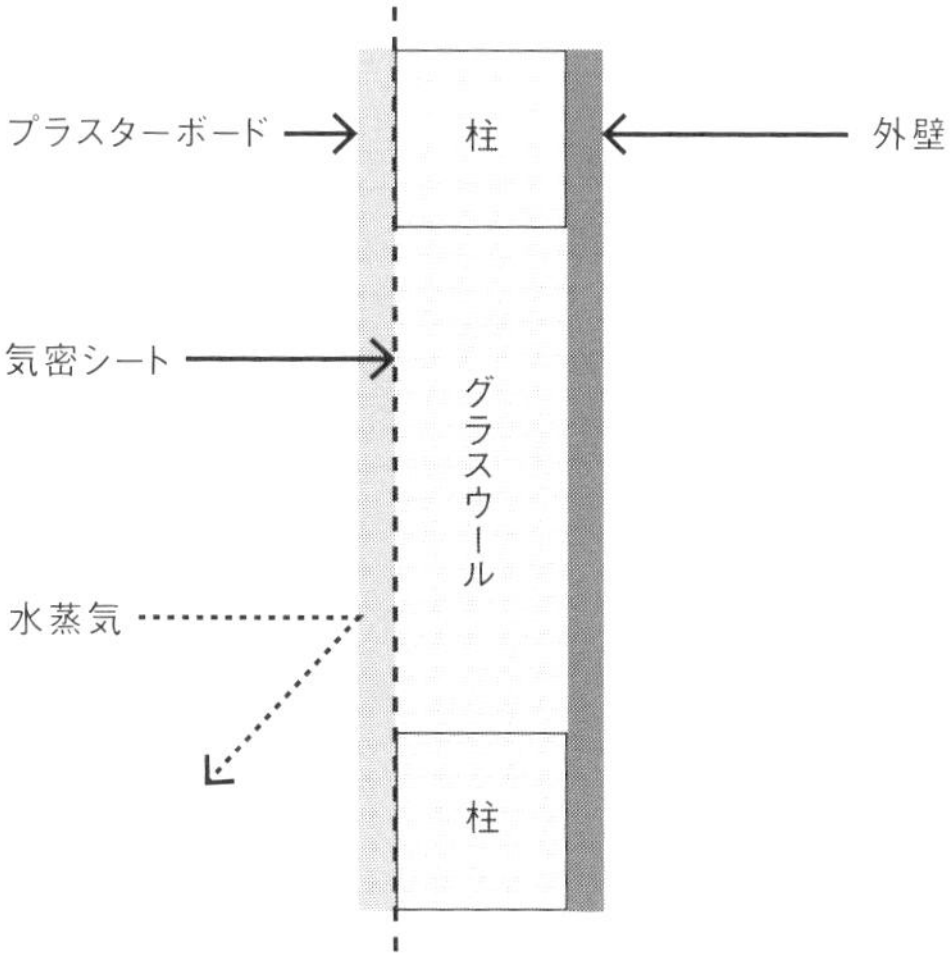

グラスウール ＋ 気密シート

くなります。

ドイツには、結露に関する法律の規定があり、家の外皮には水蒸気の移動を妨げる材料の使用を制限することが定められています。水蒸気が移動する性能は、μ（ミュー）値という単位で表されますが、外皮に使用する材料にはすべてμ値が表示されており、水蒸気の移動性能がひと目でわかるようになっているのです。

こうした建築物理学により裏づけられた、厳しい基準によってつくられたドイツの住宅は、空気は遮断しますが、水蒸気の移動は妨げません。暖かい室温を保ちながら結露を防ぐという、理想的な家づくりができるのです。つまり、日本で一般的に使われている内装材のビニールクロスなどは、結露の原因になるので、使用することはできません。

しかし日本には、こういう水蒸気を通して結露を防ぐための基準がないため、結露を防げず、長寿命の住まいが実現できていないのです。

キーワードは「透湿性」

このように、日本とドイツとでは正反対の考え方で結露を防いでいることがわかります。気密材を使って空気も水蒸気も遮断する日本の工法。それに対して、空気の移動は遮断しても水蒸気の移動を妨げないドイツの工法。しかし実は1961年ごろドイツでは、いまの日本と同じく水蒸気の移動を止めて結露の発生を防止する工法に取り組んでいました。しかし、1976年までの15年間の実践と研究において、結露を防止することはできず、1977年には、水蒸気を通して結露を止める法律ができました。

ポイントは、水蒸気の移動です。ドイツは、断熱材の中を自由に水蒸気が移動することによって結露を防いでいます。水蒸気が中に入っても、それを外に出してしまえば、中が蒸れることはありません。この、水蒸気（湿気）を外に出す性質を、「透湿性」といいます。

反対に日本は、ドイツが50年前に実践し、結露を防止できなかった工法を採用しており、水蒸気の移動を遮断することによって、結露を防ごうとしています。この水蒸気を通さない性質を、透湿性に対して「非透湿性」といいます。しかし、気密材の劣化や不十分な気密工事で水蒸気が断熱材の中に入ってしまうと、なかなか外に出ていきません。そこで内部が蒸れて、結露ができてしまうのです。

気密シート

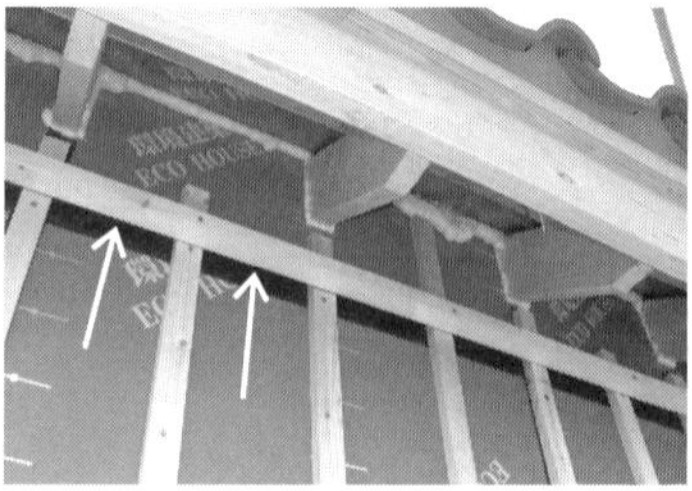

気密テープ

気密発泡剤

非透湿外皮に使われる
化学の気密材

気密材を必要としない4面凹凸のエコボード

結露を防ぐカギを握っているのは、「透湿性」。つまり、水蒸気を移動させるかどうかです。透湿外皮で高断熱・高気密住宅をつくるのか、非透湿外皮でつくるのか。家の寿命を考えるとき、これがきわめて大きな分岐点となります。

蒸れない家をつくる「呼吸する外皮」

「透湿外皮」「非透湿外皮」――一般の方には、あまり馴染みのない言葉かもしれません。しかし、「呼吸する外皮」「呼吸しない外皮」と言い換えれば、わかりやすいのではないでしょうか。外皮とは家を取り囲む外周、つまり屋根、外壁、窓、床などをひとまとめにした家の外装のことです。皮膚が体を覆っているように、家は外皮で覆われているのです。

快適な家は、微細な水蒸気の粒が移動することによって呼吸しています。かつての日本でよく見られた漆喰や土の壁は、湿度が高いと余分な湿気を吸い取り、湿度が低くなると水分を放出して、家の中の湿度を調整していました。こうして呼吸することによって、夏は涼しく冬暖かい、高温多湿の日本の気候によく合った住環境をつくりだしていたのです。

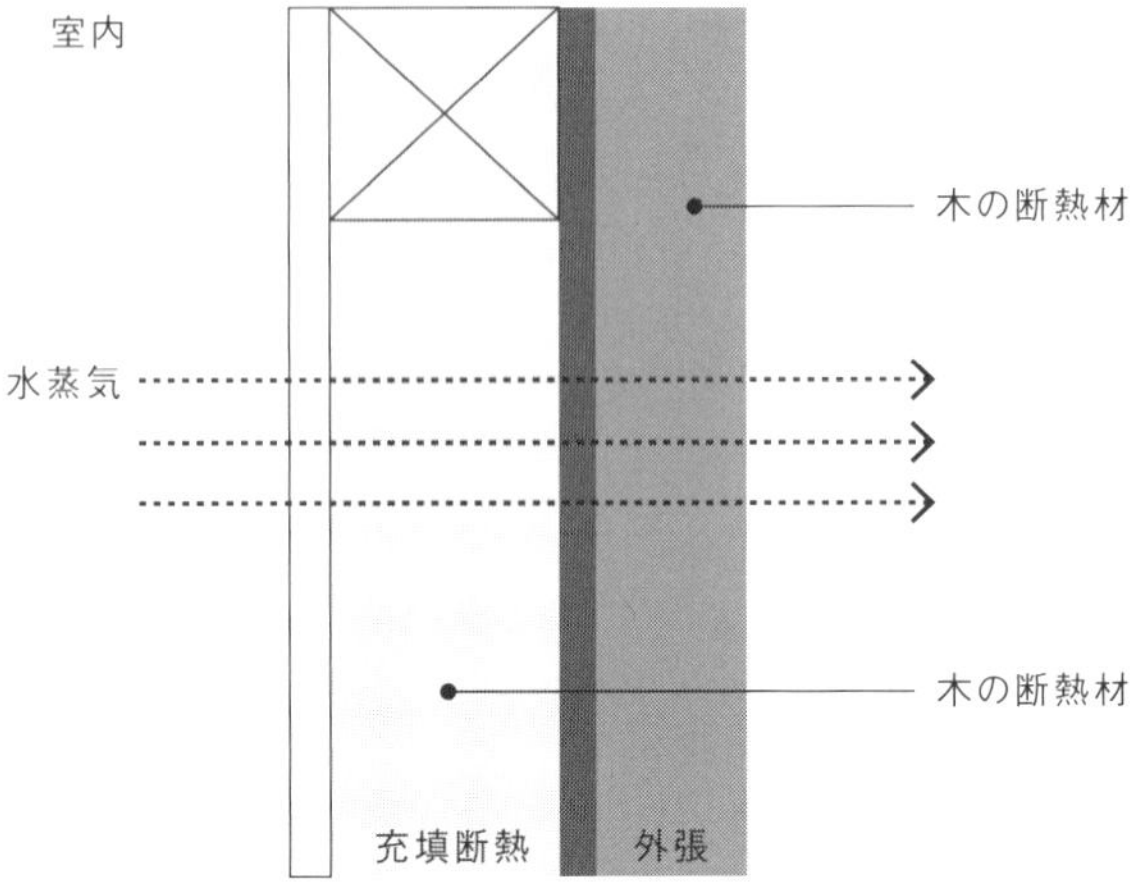

家の外皮は第3の皮膚

衣服は第2の皮膚

ドイツには、「建築物理学」という建築学のジャンルがあります。外皮の水蒸気の移動は、建築物理学で研究され、重視されるようになりました。建築物理学は日本の建築学でいうと「建築環境工学」に近いものですが、建築材料学や建築施工学などにも踏み込んでいます。物理学の立場から住居を検証する学問といえば、少しはわかりやすいかもしれません。しかし日本では、まだこういうジャンルは確立されていません。

水蒸気が自由に移動する透湿外皮は、人にとってやさしい素材です。雨合羽の機能を考えるとよくわかりますが、昔の雨合羽は湿気を通さなかったので、長く着ていると蒸れて、ベタベタ肌に張り付きました。しかしいまの雨合羽（レインウェア）は湿気を通すので、サラサラしています。雨や風を防ぎ、かつ汗を蒸発させるというすぐれものです。住宅の透湿外皮も、そういう性質を持つべきなのです。

家の外皮は第三の皮膚

私たちの体を包んでいる皮膚は、呼吸をしています。それが第一の皮膚だとしたら、第二の皮膚は衣服であり、第三の皮膚は家の外皮となります。皮膚が呼吸しているように、衣服も住宅の外皮も呼吸しています。暑い夏、汗を通さないナイロンの服ではなく、汗を吸収して外に出す木綿の服が気持ち良いように、水蒸気を通す透湿外皮の家は、住む人にとって気持ちの良い、快適な住まいなのです。

それを実感できるのが、洗濯物の部屋干しです。最近、PM2・5などの影響で大気汚染を心配し、部屋干しする人が増えています。それでなくても、日々忙しい生活を送っている人は、夜洗濯してそのまま部屋干しするという人も多いでしょう。

しかし、呼吸しない非透湿外皮の家では水蒸気が抜けないので、家の中がどうしても蒸れやすくなります。日本の夏は湿度が高いので、締め切った室内はとくにジメジメします。そんなところに洗濯物を干すと、洗濯物が生乾きのままで、部屋干し特有の嫌な臭いがします。これは、洗濯物に残ったわずかな皮脂やたんぱく質などが酸化したり、その汚れを餌に腐敗菌が繁殖したりして臭うのだと言われています。

そのため、部屋干し専用の洗剤まで売られています。

ところが、透湿外皮の「木学の家」なら、部屋干ししても良く乾くので、嫌な臭いがしません。夜干せば、季節によっては朝までには乾いています。これは、第三の皮膚である透湿外皮が呼吸し、水蒸気が部屋にこもらないからです。

当社の新入社員の森本さんに聞いた、こんなエピソードがあります。彼女は学生時代、ドイツに1年間留学していました。ドイツでは、景観法などの関係もあって、洗濯物を外干しする家庭はあまりありません。彼女もそれに倣って洗濯物を部屋干しし、何の問題もなく綺麗に乾いていました。ところが日本に帰っていままで通りに部屋干しをしたら、乾きが悪いし、嫌な臭いもするので困っていたそうです。

ところが、「木学のアパート」に住むようになって、ドイツと同じように洗濯物が良く乾き、喜んでいます。これこそ透湿外皮の効果だと、身をもって知ったと言っていました。第三の皮膚である家の外皮が呼吸をしていたら、洗濯物も喜ぶのです。

部屋干しニーズは、これからさらに高まるでしょう。もちろん間取りなどにより効果に違いはあるかもしれませんが、特別な洗剤を必要とせず、部屋干ししても気持ち良く洗濯物が乾く透湿外皮は、これからの家づくりに必須だと思います。

私たちが使わないと決めたプラスチック・化学材

水蒸気を移動させて結露を防ぐ、自然素材のエコボード。水蒸気を止めて結露をつくる化学材の断熱材。「木学の家」と「化学の家」の大きな違いがそこにあります。しかし、化学材は断熱材だけではなく、日本の住宅の至るところに使われています。

長持ちする家をつくろうと決めたとき、私たちは建築材料を一から見直しました。見直すうちに、私たちは大事なことに気づかされました。それは、建築材の安全性です。私たちが使っている建築材は、住まう人にとってほんとうに安全だろうか。環境に悪影響を及ぼすことはないだろうか。そういう目で建築材に目を向けると、恐ろしいことが次々にわかってきました。

たとえば、発がん性物質を出す建築材。すでにアスベストは使用が禁止されていますが、アスベストだけではなく、断熱材に使われているグラスウールにも発がん性があることがすでにドイツでは証明されています。

また、多くの建築部材に使われているポリ塩化ビニール（ＰＶＣ／塩ビ）、石油系塗料や接着剤は、有毒な揮発性有機化合物（ＶＯＣ）を発散させること。それらは燃えると有毒ガスを撒き散らして環境を汚染すること。そして長い年月にわたって、地球の環境に悪影響を及ぼすこと……。

私たちは、そういうものをできる限り使わないと決めました。住んでいるときも、ゴミとして処分されるときも、有害な物質を撒き散らすプラスチック材や化学材は使わない。それは、次のようなものです。

①化学系の断熱材

グラスウール、ロックウール、セルローズ、羊毛、石油系新断熱材、発泡ウレタン、気密発泡材、気密シート、気密テープなど。結露の原因になり、劣化しても修復が難しく、断熱性能が長持ちしません。また、グラスウールは発がん性が疑われています。

②アルミサッシ（窓）

熱を伝えやすいので結露しやすく、断熱・気密性能も劣ります。遮音、防犯という点でも問題の多い窓です。

③窯業系サイディング（外壁）

セメントを主原料に、繊維質や増量材を混ぜた外壁材です。水蒸気を止めるだけでなく、メンテナンスしにくく、燃やすと有毒ガスを発生します。また、同じデザインが長期間製造されないため、交換・張り替えをしたいときに同じものがないことが多くあります。

④ビニールクロス（内装）

ＰＶＣ（ポリ塩化ビニール）でできた内装材で、原料は石油です。結露を発生しやすく、カビやダニの原因になります。燃やすと有毒ガス（ダイオキシン）を放出します。窯業系サイディング同様、商品サイクルが短く、同じデザインが長期間製造されません。

⑤石油系塗料（内装）

揮発性有機化合物（ＶＯＣ）を発生させ、シックハウスやアレルギーの原因になります。燃やすと有毒ガスが出るので、火災時の避難を困難にすることが懸念されています。

⑥ＰＶＣ樹脂製品（サッシなど）

ＰＶＣ樹脂でできた窓は、私たちも１９９０年から標準仕様として採用していました。当時としては、最高級の窓であり、それ以上の窓はなかったからです。しかし30年たったいま、色は褪せ、塗り替えもできず、交換をしたくても外壁を切断しないと交換できません。また、ビニールクロスと同様、劣化しやすく、燃やすとダイオキシンが発生します。

ここに挙げた化学材は、日本ではごく普通に使われています。むしろ、こうした化学材がなければ日本の住宅建築は成り立たないでしょう。ドイツでは、ここに挙げた化学材を使わない家が多く建てられています。これらを使うと、建築基準法違反になることがあるからです。この日本とドイツの違いの大きさにも、愕然とします。

化学材をやめて、住まいはよりシンプルに

プラスチック材、化学材の使用をやめて、私たちが使うようになったのは、自然素材のエコボードと自然素材の内装材、そして木の窓でした。この三つに共通のコンセプトは「透湿性」であり、「人にも環境にもやさしい」ことです。

せっかく透湿性のある天然材の断熱材を使っても、内装材が非透湿だったら、外皮は呼吸できなくなってしまいます。ですから、屋根も外装も内装も、家の外皮はすべて呼吸す

る自然素材に変えました。

外壁は窯業系サイディングをやめて透湿性モルタルや木製サイディングへ。充填用断熱材が必要な場合は、グラスウールや石油系断熱材から充填断熱材エコボード、ソフテックへ。床も、基礎や構造用合板の上に直接施工できる床用エコボードを使っています。

また、室内の空気質を決めるのが、内装材です。私たちは化学建材やビニールクロスをやめて、内装にも自然素材を使い、透湿性を損なわないようにしました。プラスターボード（下地材）に再生紙を使った壁紙（エコペーパー）を貼るか、無垢の天然木や塗り壁を内装に使っています。こうすれば、水蒸気の移動を妨げることなく、清浄な空気質を保つことができます。

窓も、重要です。窓は、外皮を構成する重要なパーツですから、断熱性や気密性に劣るアルミサッシや、変色したときなどにメンテナンスができないＰＶＣ樹脂のサッシをやめて、気密性が高く、紫外線に強い木の窓（ジャーマンウィンドウ）を使っています。

化学材から自然素材へ。これが、私たちが選んだ選択でした。そのおかげで、家づくりは非常にシンプルになりました。屋根も壁も床も、木の断熱材（エコボード）を使えば、化学系の気密材を使う必要がなく、気密工事も必要ありません。エコボードは施工も簡単で、外装は、モルタルや木のサイディング（壁材）を断熱材に直塗りしたり、直張りしたりできます。床は、コンクリートや構造用合板の上にエコボードを直置きできます。エコボード自体に撥水、耐水、耐火、遮音、遮熱、蓄熱と行った多様な性能があるので、そうした機能を加えるための余分な工事も必要なくなりました。

「木学の家」だから実現できた「7＋」の性能

自然素材で完成させた透湿外皮の「木学の家」――プラスチック材や化学材をやめてエコボードに変えることによって、シンプルなのに多くの機能を持つ住宅になりました。その代表格が、省エネ力です。全館温度差がなく、冬は足もとまで暖かく、夏は涼しい。その冷暖房費は冷暖パネルの場合、冬は月8500円、夏は6000円（建坪40坪）。自然素材の高断熱・高気密住宅だからできた省エネルギー性能です。

化学材でも省エネはできますが、「木学の家」は外皮自体に高い断熱・気密性能があり、その省エネ力は化学材の比ではありません。しかも、「木学の家」の断熱・気密性能は長期に持続可能です。これは、「化学の家」にはない性能です。化学の家は断熱気密の修復再生ができないため、性能が長持ちしません。

◎「木学の家」の「7＋」の性能

00省エネ力……「木学の家」は透湿外皮による高断熱・高気密性能によって、高い省エネ力が得られます。「化学の家」にも省エネ力はありますが、省エネ力をもたらす断熱・気密性能が持続しないため、省エネ力は低下します。

01遮熱力……熱を遮る力です。屋根に強い熱が当たっても、8・2〜12時間熱を遮るので、室内の温度はその影響を受けにくく、夏の涼しさを維持します。↓102ページ参照

02蓄熱力……熱を蓄える力です。熱を吸収して8時間熱を保持します。冬は暖気を、夏は冷気を保持するので、冬は足まで暖かく、夏はひんやり冷涼になります。↓108ページ参照

03遮音力……35デシベルの音をカットするジャーマンウィンドウによって室内は図書館並みの静けさです。↓133ページ参照

04透湿・防露力……水蒸気が移動するので壁や構造材の中に結露ができにくく、断熱性能も長持ちします。また、カビやダニの発生も防げます。↓131ページ参照

「化学の家」1つの力

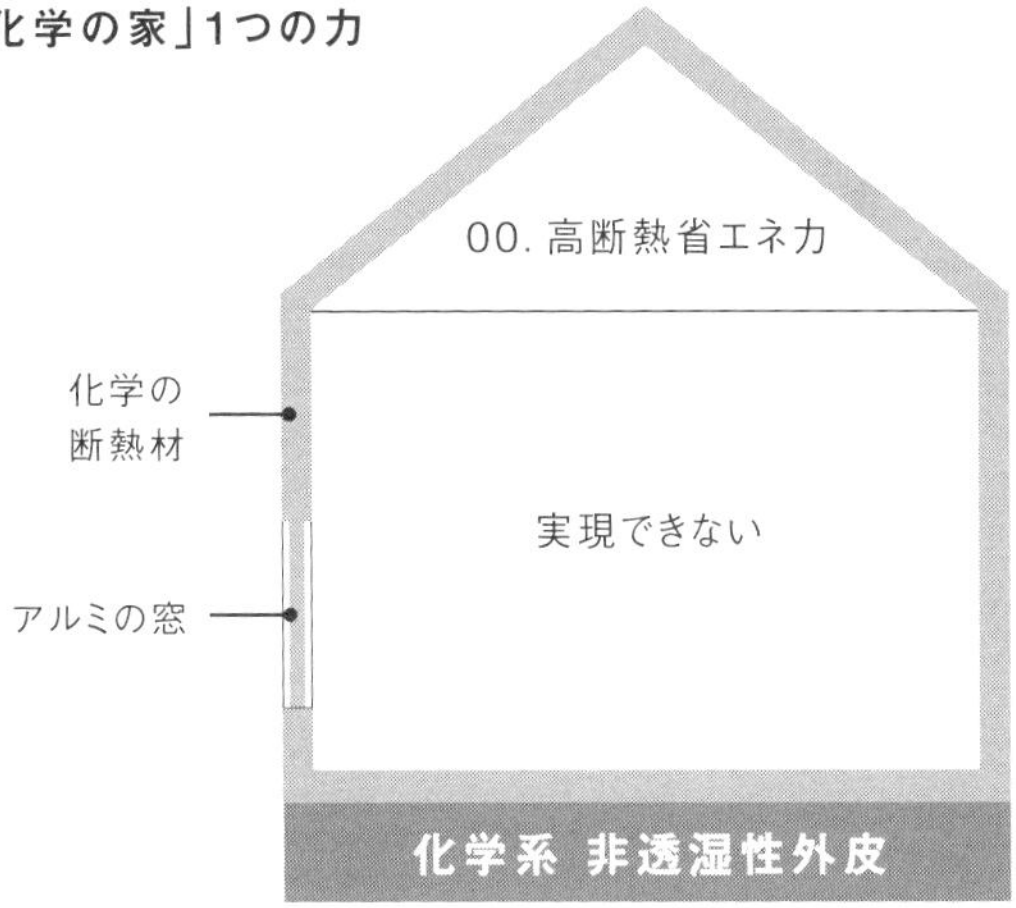

「木学の家」7+の力

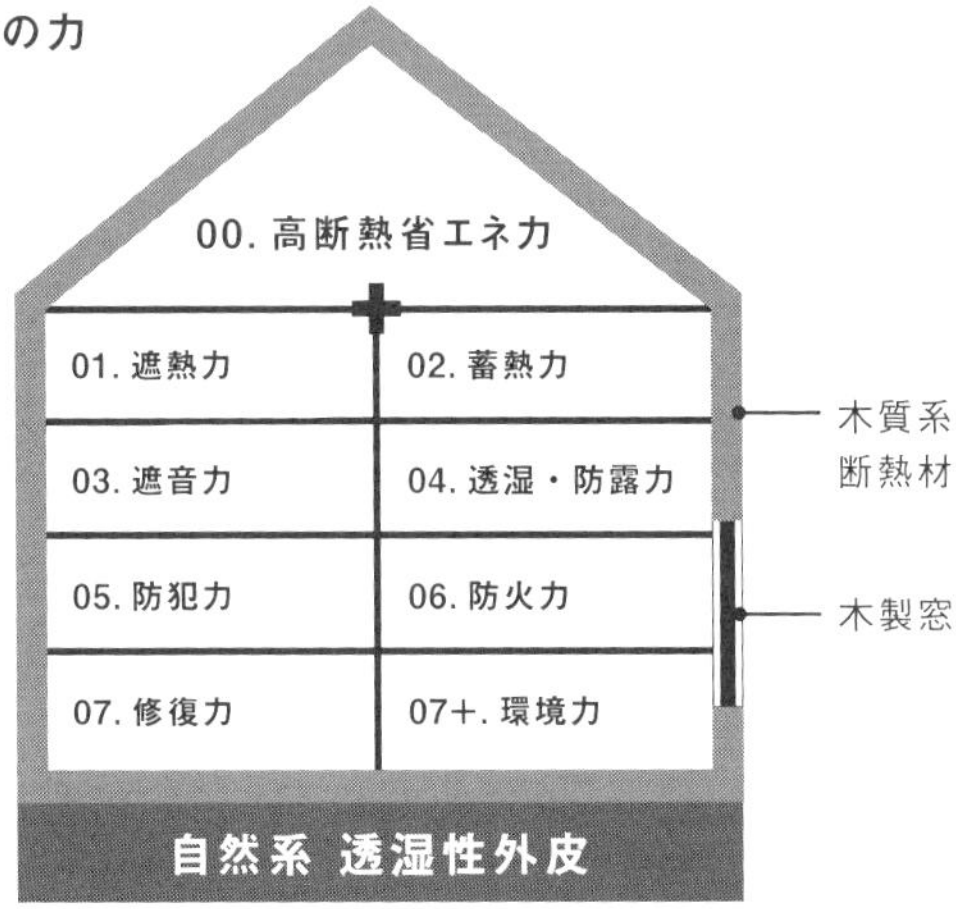

05防犯力……鍵付き特殊レバーなので外から簡単に開かず、内倒し通風機能によって、窓を開けた状態でも外からの侵入者を防ぎます。↓135ページ参照

06防火力……断熱材（エコボード）自体に強い耐火力があって燃えにくいうえに、通気層がない工法なので、通気層煙突火災を防ぎます。↓138ページ参照

07修復力……外装材も内装材も補修が簡単で、外装材は傷んだところだけカットして修復できます。メンテナンスが楽なので、メンテナンスしながら長く住まうことができます。↓148ページ参照

07＋環境力……内装も外装も自然素材なので、ゴミになったら焼却でき、化学材のような有毒ガスを発生させることはありません。燃やしても埋めても地球に還り、環境を汚染しません。↓161ページ参照

それぞれの性能については、あとで詳しく触れることにします。

化学材では一生ものの家はつくれない

私たちが使わないと決めた化学材は、劣化が早く、劣化しても復元できないものが多く長持ちしません。

気密材などが長持ちせず、断熱材の中に結露ができれば、前述したようにカビやダニの温床になるだけでなく、構造材を腐らせて、家の寿命を縮めます。

劣化した家は、美しくありません。美しくない家は、やがて壊されます。日本の家が美しくないのは、長持ちせず、経年美を持たない化学材を使っているからです。化学材を使っている限り、私たちがめざしている「一生ものの家」はできないと、思っています。

家を長持ちさせるには、メンテナンスできることが必須の条件です。「木学の家」は、メンテナンスをしながら、長く住まい続けることができます。

しかし、化学材でできた家はメンテナンスがしにくく、家が傷んで汚くなってから補修しようと思うと、大掛かりな工事が必要になります。修繕費も高くつきます。現代の日本の住宅は、メンテナンスのことを考えてつくられていないのです。

いまの日本には、50年、100年、大事に住み続けて、家を未来に残すという発想はないでしょう。だから、10年、20年で汚くなってしまうような材料しか使われていないのです。それは、住宅のつくり手である私たちの責任でもあります。

住んでいるときは住まう人の健康を損ない、壊されてゴミになってからは地球を汚染する「化学の家」。私たちは「いま」だけでなく、「未来」まで見据えた住まいづくりを提案しなければいけないと、肝に銘じています。

第2章 問題だらけの「化学の家」

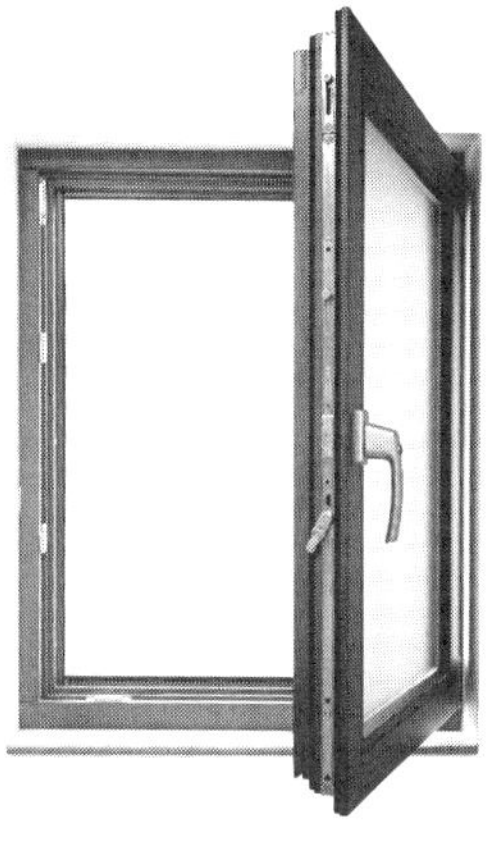

なぜ日本の家は短命なのか

日本の住宅の平均寿命が26年しかないということに、衝撃を受けた方も多いでしょう。日本の家は、なぜこんなに短命になってしまったのか。それがわかると、いま日本の住宅が抱える問題点が、もっとクリアになってきます。

背景にあるのは、戦後の日本の住宅政策でした。

日本人が昔から住んでいる木造住宅は、本来はもっと長持ちするものでした。木材自体は寿命が長く、１００年や２００年では強度が落ちないことがわかっています。法隆寺や東大寺のような世界文化遺産は、何度も手を入れながら、時代を超えて、いまも美しい姿を残しています。そこまでいかなくても、１００年はたっているかと思われるような古い神社やお寺や民家が、日本にはたくさんあります。日本には、すぐれた木造建築の技術が伝統的にあったのです。

それが大転換したのは、戦後の住宅政策がきっかけで、国は「一世帯一住宅」を目標に持ち家政策を立て、急ピッチで住宅を建設しました。

大量の家を短期間で建てるには、工場での量産化が必要でした。壁や屋根を工場でつくり、現場に運んで組み立てる。こうして日本中に、プレハブのような住宅があふれるようになったのです。

この持ち家政策によって、住宅の量的不足は解消され、だれもが家を持てるようになりました。しかしその代償は、決して小さくはありませんでした。大量生産された化学材が住宅に投入され、家づくりが工業化されてしまったのです。日本の家づくりの文化は途絶え、木造住宅の技術も廃れました。日本の住宅のあり方が、一変してしまったのです。

しかし、量的需要が満たされた現在、はたして工業化された住宅が必要でしょうか。

住宅の工業化は、負のサイクルを生みます。工場を建設し工業化した瞬間から、つくり続けなければならないという宿命が生まれるからです。工場は、稼働率が高いほど企業は儲かり、低くなれば収益が落ちます。そこで、需要が満たされてからも、どんどん家を建てようという流れが生まれました。

戦後の家づくりの工業化が、失敗の始まりだったと思います。もしそれがなければ、昔からの伝統のある家づくりがいまも続いていて、長く住まえる木の家の文化が日本にも根づいていたでしょう。少なくともいまのように、化学材が幅を利かした「化学の家」だらけにはならなかったと思います。

高断熱・高気密なのに暖かくない日本の住宅

しかし日本の伝統的な木造住宅にも、欠点はあります。その一つが、隙間が多いことです。日本の在来工法の住宅は、どんなに腕のいい大工さんが建てても、壁や天井、床、窓枠などにわずかな隙間があり、そこから外気が入ってきたり、室内の空気が外に出ていってしまったりします。

夏はまだいいのですが、冬は窓をぴったり閉め、障子を閉めても、どこからか隙間風が入ってきて、室内が寒くなってしまいます。また、エアコンをつけてもエネルギー効率が悪く、あまり暖かくなりません。

そこで、高断熱・高気密の住宅が求められるようになりました。断熱性というのは、熱の移動（熱伝導）を少なくする能力のことです。室内の熱が外に逃げるのを防ぐだけでなく、外の冷たい空気が侵入するのを防ぐことによって、室温を一定に保ちます。

一方の気密性は、空気の移動を防ぐ能力で、なるべく隙間をつくらないようにぴったり密閉して、空気の流通を防ぎます。

断熱性を高めるためには気密性が必要で、いくらすぐれた断熱材を使っても、外から冷たい空気が入ってきたら断熱効果を発揮できません。暖かいセーターの上に風よけのウィンドブレーカーを着るように、断熱材と気密材はセットで使うことによって効果を高められるのです。

このように、住宅を高断熱・高気密にすることによって、外の温度の影響を受けにくく、また室内の熱や冷気が逃げにくい、省エネルギー住宅が誕生します。

ところが、日本の住宅は高断熱・高気密を謳っているのに、あまり暖かくありません。その理由の一つは、断熱材が機能を果たしていないからです。充填断熱工法（内断熱工法）では、断熱材と柱の間に隙間ができると、そこから冷気が入って結露が発生し、断熱機能が落ちていきます。新築当時は断熱材が効いて暖かかった家が、年月がたつとどんどん寒い家に変わってしまうのです。

断熱効果を持続させるためにはどうしたらよいのか。メンテナンスをしながら、長く住み続けられる住宅をつくりたいという私たちの挑戦は、ここから始まりました。

私たちが経験してきた断熱材の歴史

私たちの住まいづくりは、断熱材にこだわり続けた歴史でした。1980年代から、より良い断熱材を求めて、グラスウール、ロックウール、セルローズ、羊毛、発泡ウレタン、石油系外張り工法など、さまざまなものを使ってきました。

いずれも化学材で、それぞれに問題がありました。86年代に使ったグラスウールやロックウールのような繊維系の断熱材は、水蒸気を吸ったり吐いたりする調湿機能が弱く、水蒸気が入るとそれがたまって湿気を含むようになり、結露の原因になりました。また、水蒸気が入ると熱伝導率が悪くなって、断熱性能が落ちてしまいます。のちにグラスウールには発がん性があることを、ドイツで知りました。

88年代には、自然素材であるセルローズや羊毛も使いました。セルローズは新聞や電話帳をリサイクルしたもので、断熱性能に加えて遮音性能もあるすぐれた断熱材です。しかし酸化防止剤や漂白剤、印刷インクなどが含まれており、火災時に有毒ガスを発生させることが懸念材料になりました。

羊毛も再生可能な動物性繊維で、自然を破壊しない断熱材としては評価できますが、火に弱く、殺虫剤をかけられて育っている羊が多いことから、燃えると有毒ガスが発生する危険性がありました。

何よりも、これらの断熱材はすべて、気密シートを必要とします。気密シートは、プラスターボードの下に施工されるので、劣化したときに取り替えることができません。しかも、プラスターボードを取りつけた瞬間に、ビス止めした穴がいくつもあいてしまいます。穴があけば、そこから空気や湿気が入り込んで、断熱性能も気密性能も落ちていきます。

それに代わるものとして使うようになったのが、石油系断熱材の発泡ウレタンです。施工が簡単で気密工事も必要なくてよかったのですが、問題もありました。熱劣化しやすく、熱の影響を受けやすい窓周辺では発泡ウレタンがやせ、室内の熱が漏れていることがわかったのです。

しかも、将来住宅を最終処分するときに、発泡ウレタンを構造材から外せないのです。ですから、燃やすことができない。産業廃棄物として、構造材と一緒に埋め立てるしかな

防護服を着た作業員によって構造材に吹き付けられる発泡ウレタン

いのです。しかし埋め立てれば、土壌を汚す恐れがあります。これではとてもエコをめざす住宅とはいえず、使用を断念しました。

90年代になって、同じ石油系ですが、断熱性能が高い外張りボードを使うようになりました。石油系ボードで外側をすっぽり覆う、「外張り断熱工法（外断熱工法）」を導入したのです。これなら隙間なくしっかり施工できるので、高い断熱性と気密性を保持できます。また、最終処分時に木材からボードを剥がしやすく、別々に処分できます。

その後10年間、これが私たちの標準的な断熱工法でした。

しかしこの工法も、修復・再生は不可能でした。ボードとボードの隙間を埋めるために貼られた気密テープが劣化すると、それが外壁の中にあるため貼り直せなかったのです。また、北側の通気の悪いところでは、中の胴縁（ボードなどを取り付けるために施工する細い材）が腐りやすいという欠点もありました。

私たちは、この石油系ボードの外張り断熱工法の欠点を知りながら、10年間に500棟もの住宅をつくり続けてしまいました。私たちが知る限り、当時の日本にはそれ以上の断熱工法はありませんでした。

通気層煙突火災はなぜ起きたか

その天罰だったのでしょうか。2000年、建築中の注文住宅が、火災にあったのです。原因は、基礎の足もとに置いてあった残材などのゴミへの放火でした。

火はあっという間に燃え広がり、発見から15分後には屋根から火を噴き出して燃え上がっていました。完成間近の住宅は、両隣を巻き込んで全焼し、残ったのは骨組みだけでした。

石油系ボードを使った外断熱工法は火に強いはずで、防火認定も取得していました。それが瞬く間に燃えてしまったのは、外装材の裏側に設けられた通気層に火が入ったからです。中のボードを燃やしながら、火は上に燃え広がっていき、最後に屋根から黒煙と炎が噴き上がるのが見えました。外壁は20㎜厚さのモルタルを施工していたので消火活動がうまくできませんでした。

そのとき消防士から、この火災は通気層煙突火災だと知らされました。

通気層煙突火災といえば、２０１７年にロンドンで起きた高層の公営住宅「グレンフェル・タワー」の火災が記憶に新しいでしょう。これも、外壁に貼りつけた断熱材と金属パネルとの間のわずか50㎜の通気層に火が入り込み、化学系の断熱材が急速に燃え広がって、甚大な被害を出しました。

私どもの火災は、幸い人的被害はありませんでしたが、この火災が、私たちにとって転機になりました。石油系ボードのような断熱材は火に弱く、火災が発生すると一気に燃え上がります。また、燃えたときに有毒ガスが発生することも確認できました。石油系の断熱材を使っていてはダメだ。もっと安全性が確認された断熱材を使わなければ、まともな

通気層煙突火災で、両隣を巻き込み全焼した住宅

ロンドンの高層公営住宅で起きた通気層煙突火災

住宅はつくれない。そう思い知らされた出来事でした。

それを機に、私たちは、日本にはない断熱材を求めてヨーロッパ中を探しまわりました。

そして、ドイツで木の断熱材に出合ったのです。その話は、次の第3章に譲りますが、この断熱材との出合いで、私たちの家づくりは根底から変わりました。

ドイツが40年前にやめた工法がいま行われている

いま日本で行われている断熱工法は、プラスターボードの下に気密シートを貼り、その中に断熱材を充填する非透湿工法が主流です。

この工法は、1961年にドイツで始まりました。ドイツはグラスウールと気密シートを使って、断熱気密住宅の製造に取り組んだのです。しかし、何年かたって結露の問題が出てきました。気密シートを貼っているので、室内から壁の中に入る水蒸気の移動は止められますが、外壁を通り、外から断熱材をくぐって入ってくる水蒸気の移動は止められず、壁の中に結露ができてしまったのです。

ドイツで1961年に始まった工法

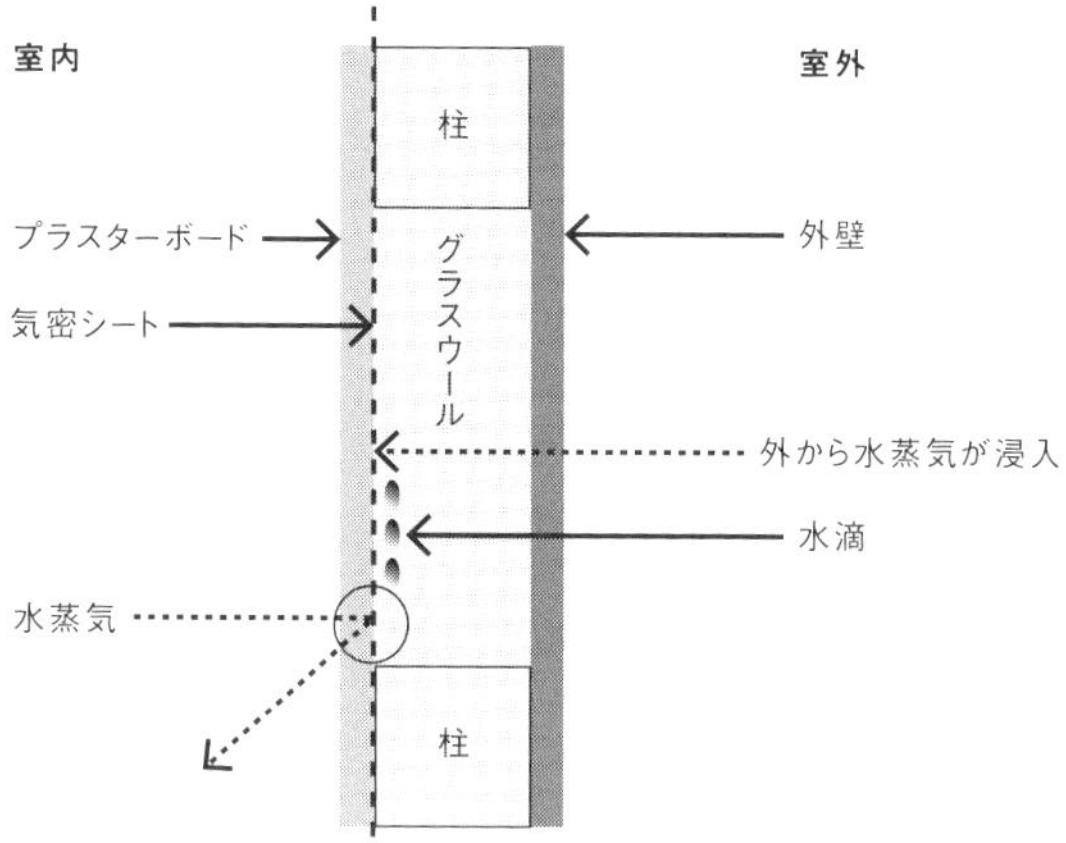

**内壁の下に気密シートを貼り、その中に断熱材を充填したが、
外からの水蒸気の移動は防げず、壁のなかで結露が発生**

そこで、今度は外側にも気密シートを貼りました。外壁材の内側に貼って、水蒸気が外から入らないようにしたのです。それでも、柱や梁や土台などに使っている木材そのものが持っている水蒸気によって、壁体内結露（内部結露）を起こしました。

　こうしたことがあって、16年後の1977年、ドイツでは断熱工法に関わる法律が変わり、外皮は水蒸気の移動を止めてはいけないことになり、この法律で、グラスウールと気密シートを使った断熱工法は中止されていきました。

　この、ドイツが50年前にやめた断熱工法が、いま、日本で盛んに行われています。日本の夏はドイツ以上に湿度が高いので、

ドイツで1961年に始まった工法

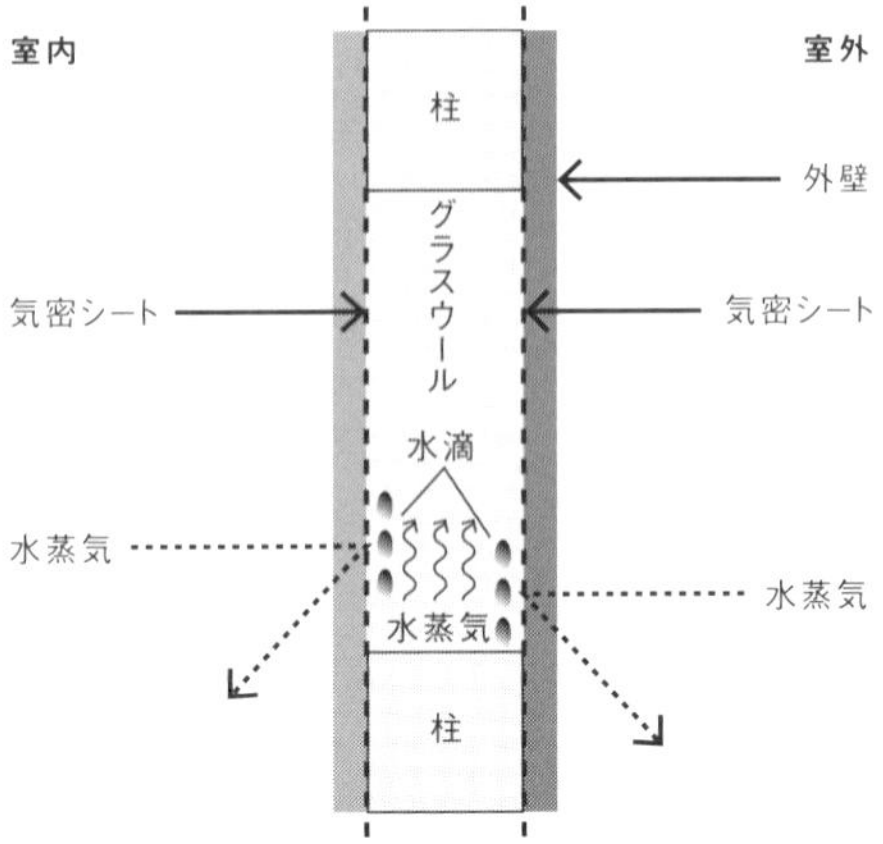

外壁・内壁の両内側に気密シートを貼って、外部からの水蒸気の移動を防いだが、柱の木材などからの水蒸気で結露が発生

同じ工法を用いていたら、必ず結露は発生するでしょう。

非透湿工法による高断熱・高気密住宅は、外皮に気密シートをグルッと巻いた家です。それは、空気も水蒸気も通さない、息苦しい家です。そして結局、結露の発生を食い止められなかった家です。

１９９５年１月に起きた阪神・淡路大震災、２０１１年３月に起きた東日本大震災。この二つの大きな災害のあと、私は被災地に赴き、倒壊した建物の状態を見て歩きました。倒壊した建物を見ると、日本の住宅の問題点がよくわかります。そして、ふだん目にすることのない、壁の中の断熱材の状態なども見ることができます。

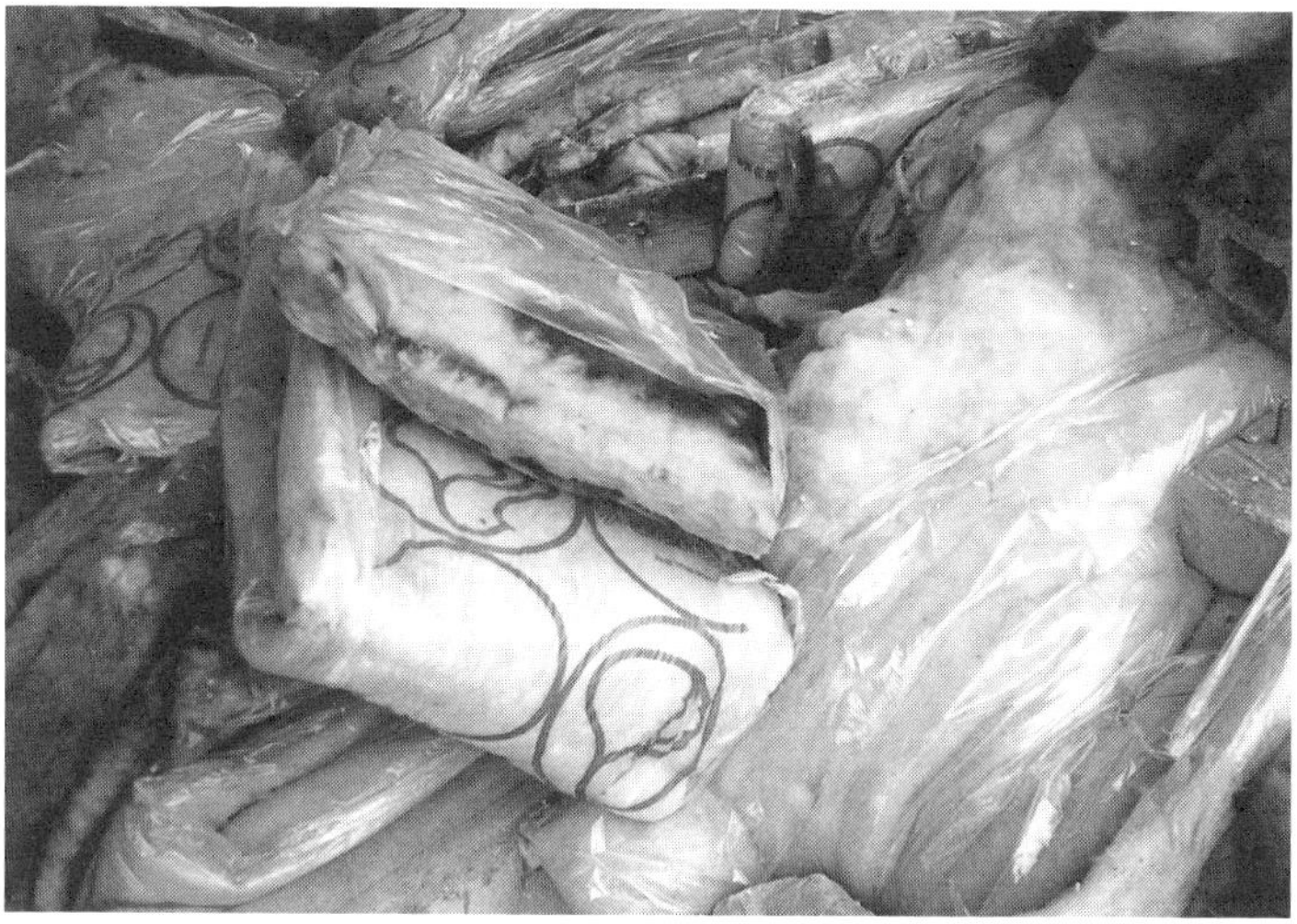

黒く汚れ、ダニやカビの棲みかになっていた化学系断熱材

倒壊した家屋の壁の中からむき出しになった断熱材は、どれも黒く汚れ、おびただしいダニやカビの棲みかになっていました。これでは断熱性能が維持できないばかりか、アレルギーやシックハウスの原因になってもおかしくない。そう思わせる家の姿でした。その原因が水蒸気を通さない非透湿の外皮にあることは、いうまでもありません。

持続しない断熱・気密性能

省エネや住み心地の快適性を考えるとき、断熱性能や気密性能は、非常に大事です。

しかし、日本の建築基準法には、断熱性能の基準が盛り込まれていません。断熱性能が義務付けられていないため、日本の住宅がいくら高断熱・高気密を謳っても、その性能は保証されていないのです。

実際にいまのような断熱材を使い、「化学の家」をつくっていったら、断熱性能は長く持続しません。

グラスウールやロックウールのような繊維系の断熱材は、中に水蒸気が入り、結露ができると、熱伝導率が上がって断熱性能が落ちてしまいます。また、発泡ウレタンのような石油系の断熱材は熱劣化しやすく、熱でしだいにやせて断熱機能が低下します。

断熱材と一緒に使われている気密シートも劣化すると、年月とともに気密性が落ちていきます。断熱材をピタッと施工するために使われる気密テープも、年月がたてば接着力が低下してはがれていきます。テープがはがれた時点で、断熱性能は期待できなくなります。

しかし、劣化しても、これらの気密材は外壁の中で使われているため、取り替えや修復ができません。

これでは、高断熱・高気密性能を持続できるわけがありません。化学系の断熱材を使っている限り、長寿命住宅は期待できません。

しかし2020年、民法の改正にともない、結果として20年間断熱性能や気密性能を持続させることが義務付けられます。それを2年後に控えた2018年3月、日本の大手断熱材メーカーがドイツの断熱材メーカーを訪れ、持続可能な断熱工法が欲しいと、商談に来たそうです。この、日本の大手断熱材メーカーは、自社製の高断熱工法が持続可能でないことを知っていたのです。ドイツのメーカーはそのことに驚いていましたが、日本のメーカーのほとんどは、持続可能な断熱性能をいまだに開発できていません。これも、建築基準法に断熱性能の基準がないことが原因だと思います。

だから私たちはアルミサッシを使わない

日本の住宅では、窓といえばアルミサッシです。その普及率は90%以上で、こんなにアルミサッシが普及している国は、世界の中でも珍しいでしょう。

アルミサッシは安価で紫外線劣化が少ない窓です。しかし、その長所を打ち消してあまりあるほどの、多くの問題点を抱えています。

もっとも大きな問題点は、断熱性能が低く、結露を生じやすいことです。アルミサッシは熱を伝えやすいので、冷たい外気に触れると中の暖かい空気が急激に冷やされて、結露をつくります。一枚ガラスの窓の場合は、窓ガラス全体が冷やされて、窓全体に結露ができます。

窓からしたたり落ちた水滴は、窓のレールや窓枠にたまり、カビやダニを繁殖させます。それが空気中に浮遊して、アレルギーやシックハウス症候群の原因になります。最近では断熱効果を高めるために2枚のペアガラスが用いられていますが、窓ガラスの結露は減っても、フレームには結露ができます。

アルミは素材が柔らかいので、引き違い窓は窓枠にピッタリ密着せず、隙間ができてしまいます。そこから外の空気や風が入ってくるので、冬は寒く、夏は暑い。このように気密性の悪い窓が一枚あると、家の断熱性能は著しく低下してしまいます。

また、隙間があるということは、外からの音も入りやすいということです。鍵を閉めても、騒音が侵入してきます。

アルミフレームの一枚ガラス窓では、防犯上も不安です。ガラスを破れば、簡単にレバーが回ってしまいます。

住宅密集地の延焼を防ぐために、アルミサッシにも厳しい耐火基準が設けられています。しかし2011年には、アルミサッシの耐火偽装が問題になりました。建築基準法では、20分以上炎の熱に耐えて、ガラスが割れない、窓枠から外れない性能が求められていますが、公的機関の試験でそれが満たされていないことがわかったのです。

日本のアルミサッシは、大手でほぼ100%のシェアを占めています。そのうち3社で耐火性能不足が発覚し、大手のすべての防火窓が不適合になりました。

劣化が早く、メンテナンスしにくい化学材

化学材で建てられた「化学の家」は、一見美しく見えます。傷がつきにくいように、表面を硬く加工した合板フローリング材、仕上がりの美しさではクレームのつけようがないビニールクロスの内壁、施工が簡単でひび割れしにくい窯業系タイル調のサイディング(外壁材)、一見モダンに見える化粧石綿スレート瓦(彩色スレート瓦)。

どれも工場で大量生産されたもので、メーカー側からすれば扱いやすく、売りやすい。

しかし、工場で大量生産されたものの多くは、メーカーの管理義務が7〜10年程度です。その期間を過ぎると、同じものが生産されなくなってしまうことがあります。

たとえば、壁や天井に使われているビニールクロス。10年もたつと一部がはがれたり、汚れてきたりします。ところが、それを直そうと思ってメーカーに注文すると、同じ品番がないことがあります。ビニールクロスの回転は速く、数年で取り扱いがなくなってしまうものもあります。

一部だけ補修したいのに、それがなければ、同じビニールクロスを使っているところを全部貼り替えなければなりません。貼り替える必要がないところまで貼り替えれば、無駄な費用がかかるうえに、はがしたビニールクロスは大量のゴミになります。

外装材や屋根も、紫外線や風雨にさらされて劣化が早く、色が褪せたり、耐水性が落ちて雨水が壁に染み込んできたりします。劣化しても、化学系の屋根材、外装材はメンテナンスしにくく、塗り直しも簡単にはできません。

化学系の建築部材は、メーカーにとって都合のよい商品かもしれませんが、それを使うユーザーの経済性はあまり考えられていないのです。

ところで、日本の新築住宅には、「10年保証制度」というものが法律で定められています。

新築してから10年間、住宅に瑕疵（契約と違う内容だったり、住宅として必要な性能が備わっていなかったりした状態）があれば、その住宅を建てた業者、または販売会社が責任を持って修理するという制度です。建築業者が倒産することもあるので、業者は保険に加入することが、２００９年に義務付けられました。

これは、欠陥住宅から消費者を守るためにつくられたもので、家を新築しようとする人にはありがたい制度のように思えます。しかし、そもそういう制度があること自体おかしな話です。まるで欠陥住宅が多いことを前提としているように思えます。

ドイツにはこんな保証制度はありません。新築住宅が少ないこともありますが、１００年住み続けることを前提に建てられているので、建築基準自体がもともと厳しいのです。10年という短いスパンで瑕疵が起きることなど、想定もしていないでしょう。

化学材が撒き散らす有害化学物質

化学建材のもう一つの重要な問題点が、健康問題です。

シックハウス症候群が社会問題化するようになったのは、1990年代に入ってからのことです。新築したり、リフォームしたりした家に入ると、目がチカチカする、のどが乾燥する、せきが出る、頭が痛い、めまいや吐き気がする、だるいなど、さまざまな症状を訴える人が出てきました。

最初は原因がわかりませんでしたが、しだいにその原因が住宅に使われている内装材や家具であることがわかってきました。アレルギーと違って、家の中にいるときに症状が強いことから、「シックハウス症候群」と名づけられました。欧米では、「シックビル症候群」と呼ばれています。

新建材の化学建材には、合板を貼り合わせるための接着剤、シロアリなどから建材を守る防腐剤、塗装のための塗料などが使われています。そうした石油系の化学材から有害なガスが出て、室内の空気を汚染しているのです。

この有毒ガスを、揮発性有機化合物（VOC）といい、ホルムアルデヒド、トルエン、キシレン、アセトアルデヒド、エチルベンゼン、スチレンなど、さまざまなものがあります。なかでも危険視されているのが、ホルムアルデヒドです。

ホルムアルデヒドはホルマリンが気体になったもので、無色で刺激臭があります。人体への影響については個人差がありますが、過敏な人はごくわずかな量でも目が痛くなったり、のどがイガイガしたりします。この濃度が高くなると肺炎や肺浮腫を起こし、最悪の場合、死亡することもあります。

また、発がん性も指摘されており、WHO（世界保健機関）の外部組織である国際がん研究機関（IARC）はホルムアルデヒドを、「ヒトに対して発がん性がある」物質に分類しています。

国土交通省は2003年、シックハウス症候群対策として、建築基準法を一部改正しました。ホルムアルデヒドを発散させる建材の使用を規制したり、換気設備の義務化などを追加したりしたのです。

また日本工業規格（JIS）でも、ホルムアルデヒドの発散速度によって化学建材を4等級に区分し、発散速度のもっとも遅いエフ・フォースター（F☆☆☆☆）のみ、建材として無制限の使用を許可しています。

しかしそれでも、ホルムアルデヒドはゼロではありません。0・005㎎／㎡h以下、つまり、1時間あたり1㎡（平米）につき、0・005㎎までなら放出してもいいのです。エフ・フォースターと認定されているものでも、それを大量に使ったり、別のエフ・

フォースターの建材を複数使ったりすれば、あっという間に室内のホルムアルデヒド濃度は高くなってしまいます。

ＷＨＯが定める室内空気質（空気中に含まれるホルムアルデヒドの濃度）の基準は、０・０８ｐｐｍ以下。ヨーロッパではしっかりこの基準が守られていますが、日本にはこうした基準すらないのです。

ホルムアルデヒド以外のＶＯＣも、高濃度で暴露されると目や鼻の痛み、めまい、頭痛、吐き気などの症状を起こすことがあります。なかには、意識混濁やけいれんなどの神経症状を起こすもの、環境ホルモン（内分泌錯乱作用を有すると疑われる化学物質）としてリストアップされているものもあります。

こうした危険なＶＯＣに対して、厚生労働省は濃度指針値を示していますが、対象とされている物質は２０１７年の段階で16種類です。ヨーロッパでは、ＥＵ報告書が69種類、ドイツ建材基準では１６６種類、フランス環境衛生安全庁は２１６種類もの室内最小濃度値の基準が規定されています。日本の16種類は、あまりにも少なすぎます。

浮上したグラスウールの発がん性

ホルムアルデヒドが厳しく規制されているのは、その発がん性が問題になっているからです。建築材の発がん性といえば、思い浮かぶのはアスベストでしょう。

アスベストは天然に存在する繊維状の鉱物で、石綿（いしわた・せきめん）とも呼ばれています。耐熱性、耐摩耗性にすぐれているため、さまざまなものに利用されており、建築材ではスレート瓦、外装材、内装材、間仕切り、天井材、床材などの建材のほか、排水管、雨樋などにも使われていました。

アスベストの発がん性は早くから知られていましたが、日本がアスベストを全面禁止にしたのは２００４年のこと。ヨーロッパより20年も遅かったのです。対応が遅れたおかげで、いまもアスベストの健康被害は続いています。

最近わかってきたのは、断熱材に使われているグラスウールの発がん性です。グラスウールは、１・１ミクロン以下という微細なガラス繊維を大量に含んでいるものがあります。そのため、吸い込むとアスベストと同じように発がんを促す危険があると、以前から指摘されていました。ところが、ＩＡＲＣ（国際がん研究機関）は２００１年10月に、グラスウールを「ヒトに対して発がんの可能性がある」グループ２Ｂから、「可能性がない」グループ３に変更しました。

しかし、ほんとうに安心でしょうか。ドイツでは、１９９５年にグラスウールの発がん性を認定し、製造と使用を禁止しました。それ以降、発がん性が指摘されたグラスウールは使われなくなりました。

また、グラスウールには合成樹脂系の接着剤が大量に使われており、この接着剤からＶＯＣが多量に発生することも指摘されています。ドイツの「労働環境基準書」には、「グラスウールやロックウールのような人工合成系の断熱材は健康を脅かす」と明記されています。

ダイオキシンを振りまく塩ビ樹脂

日本の住宅に多用されているのが、塩ビ（ポリ塩化ビニール／ＰＶＣ）樹脂です。耐水性にすぐれ、燃えにくく、電気絶縁性があるうえに、柔らかくて加工しやすい。しかも美しい色を出せて安価なので、建築材としてもさまざまなものに使われています。

家の中を見まわすと、どこの家でもいたるところに塩ビ材が見つかります。壁や天井に貼られたビニールクロス、クッションフロアなどの床材、塩ビシートを貼り合わせた合板のドア、システムキッチンや食器棚、家の外にまわれば雨樋、見えないところでは屋上の防水シート、水道水を運ぶ水道管や排水管、電気の配線などなど……。

日本の住宅は、おそらく、塩ビなくして成り立たないでしょう。

塩ビが問題なのは、燃やすとダイオキシンが発生することです。ダイオキシンは環境ホルモンの一つで、ホルモン様の作用を持ちます。体内に取り込まれると正常な内分泌系を攪乱し、生殖機能障害などを引き起こします。

またダイオキシンは、ＩＡＲＣ（国際がん研究機関）によって、１９９７年に発がん性物質であると認定されました。この発表を受けて、厚生省（当時）はゴミ焼却場の規制に乗り出しました。

ダイオキシンは、人工的につくられる物質の中でもっとも毒性が強く、サリンを上回るほどだといわれています。このダイオキシンの一種が、ベトナム戦争で大きな被害を出した枯れ葉剤に高濃度で含まれていました。

塩ビには、ダイオキシン以外の環境ホルモンも含まれています。塩ビを柔らかくするために使われている可塑材からはフタル酸2－エチルヘキシル（フタル酸エステル類）という環境ホルモンが食品に溶け出すことが問題になり、フタル酸2－エチルヘキシルを含む塩ビの使用が制限されています。また、塩ビの水道管の水から、環境ホルモンが検出されたこともあります。

塩ビは熱や紫外線に弱いため、劣化を防ぐ安定剤が加えられています。それ以外にも、可塑剤、防カビ剤、発泡剤などが添加されており、まさに化学物質の塊です。それが、焼却できずにゴミとして焼却場に埋められれば、土に有害物質が溶け出して土や川や地下水を汚染する恐れがあります。

ダイオキシンが問題になって、ヨーロッパではいち早く塩ビを規制する動きが出ました。もっとも取り組みが早かったのはドイツで、1989年以降に建てられた公共の建物には塩ビの使用が制限されています。

デンマーク、スウェーデン、オランダ、イタリアも、塩ビの規制をしています。また、欧州連合・ＥＵでも、２０１９年7月からフタル酸エステルが使用禁止物質に指定され、塩ビの使用が規制されています。

しかし日本の環境省は２００３年に、フタル酸エステル類について「内分泌攪乱作用は認められない」としています。そして日本では、いまだに塩ビ材が使い放題です。

このように化学材が多用されている日本の住宅では、住んでいるだけで健康が損なわれます。とくに、家にいる時間が長いお年寄り、体の小さな子どもは、その影響を強く受けてしまいます。

一生の買い物として手に入れた、自分たちの大事な住まいが病気や不調を招いているとしたら……。これほど残念なことはありません。

誰も欲しがらない日本の建材

日本製品の品質の良さは誰もが知るところで、世界中で評価されています。自動車や電気製品は、多少価格が高くても、海外で高い人気があります。日本人の丁寧なものづくりを、私たちは誇りに思ってきました。

ところが、建築材だけはそうではありません。欧米は言うに及ばず、日本はお隣の国にも負けています。実際に日本の建材は、世界のどこに持って行っても買い手が見つからないでしょう。

かなり前の話ですが、日本の有名なサイディングメーカーが、アメリカにサイディングを売り込みに行きました。しかし、全く反響がなかったそうです。外壁を塗り直しながら住まい続けているアメリカの人たちにとって、塗り直しができない日本のサイディングは最初から選択肢に入っていないのかもしれません。外壁に．メンテナンスがむずかしいサイディングを大量に使っているのは、日本だけです。

ビニールクロスも同じです。いくら色やデザインがきれいで施工しやすくても、メンテナンスしにくいビニールクロスがヨーロッパで好まれるとはとても思えません。

日本では、このような化学材に対して、安全性の基準がありません。

断熱性能の基準がない日本は建築後進国

日本の建築は、世界の中で間違いなく遅れています。たとえば日本では、一枚ガラスのシングルサッシが使われてきましたが、韓国にはシングルサッシの窓はありません。マンションなどでもペアガラスの二重窓や四重窓がふつうです。

窓に限らずすべての点で、建築に限れば、日本は後進国です。

その理由は、建築に関してあまりにも国の規制がゆるいことです。それは、有害化学物質の規制を見ても明らかでしょう。

日本には、建材に関する基準や法律がほとんどないといっても過言ではありません。あるのは建築基準法と、ホルムアルデヒドに関する規制と、防火基準くらいのものです。

その建築基準法に、先進国の中では日本だけ、断熱性能が盛り込まれていません。2020年に断熱性能を義務化する予定でしたが、先延ばしにされました。

ただし、同じ年（2020年）の4月に、70年ぶりに民法が大改正されて、契約書に書かれた性能を20年間保証することが義務付けられる予定です。その一部に、断熱・気密性能があります。それによって、家を購入する人は安心が長く保証されることになります。しかし逆に、断熱・気密性能が持続しない家を購入してしまうと、その住宅の不動産価値が低下することに繋がり、リスクを負うことになります。

一方、建てる側も、断熱性能が義務化されれば、当然リスクを負います。契約書に約束した断熱性能を20年間保証しなければならないからです。もしその前に断熱性能が低下してお客さまからのクレームが発生したら、それを補償する責任が生じます。ですからいま、大手メーカーは競って、持続可能な断熱性能を求めているのです。

しかしそもそも、過去に一度も断熱・気密性能を保証したことがない日本の住宅業界で、ほんとうに断熱・気密性能を長期保証し、結露を防止する住宅ができるのでしょうか。

また日本で問題なのは、「通則認定制度」がまかり通っていることです。通則認定制度とは、個別の性能試験を行わず、特定の業界団体が書類だけで審査して製品の性能が認可される制度のことです。そこには、いろいろな嘘が隠されています。

再度言いましょう。アルミサッシ業界では、こんなことがありました。業界上位の窓メーカーが揃って耐火試験をしておらず、書類だけで業界団体の認定を受けていました。

ところが、国土交通省の抜き打ち検査で、それらがすべて国の耐火基準を満たしていないことが発覚したのです。しかも一部のメーカーは、国の試験を受けるサンプル品だけ耐火基準を満たしていたという悪辣ぶりです。

断熱性能にも嘘がありました。大手サッシメーカーの窓は、長期優良住宅のカタログに断熱性能0・79W／㎡・Kと記載されています。この数値は熱貫流率といって、1㎡あたり、かつ1時間あたりに通す熱量を表し、小さいほど断熱性が高いことを示します。ドイツの窓の断熱性能ですら0・75W／㎡・Kですから、日本の窓がそれに近い数字を出せるとは思えません。

私どもがメーカーに電話で確認したところ、訂正して、1・68W／㎡・Kという数字を出してきました。しかし、公的機関で検査した数値ではなく、自社基準です。しかも、カタログの数値が訂正されたわけではありません。工務店の多くは、カタログ値でさまざまな申請をします。数値が嘘だったら、その責任は誰が取るのでしょうか。

グラスウールやビニールクロスなどの不燃材も、防火試験を受けていないのに不燃材と認定されています。グラスウールはプラスターボードの中に入れると40デシベルの音をカットして、遮音性能、防火性能があるという国の認定をもらっています。これも、試験をしない通則認定です。実際に防火試験を行ったら、アルミサッシ同様、耐火基準に合格するかどうかわかりません。通則認定は、日本の住宅の安全性を確保する上で、大きな障壁になっていると思います。

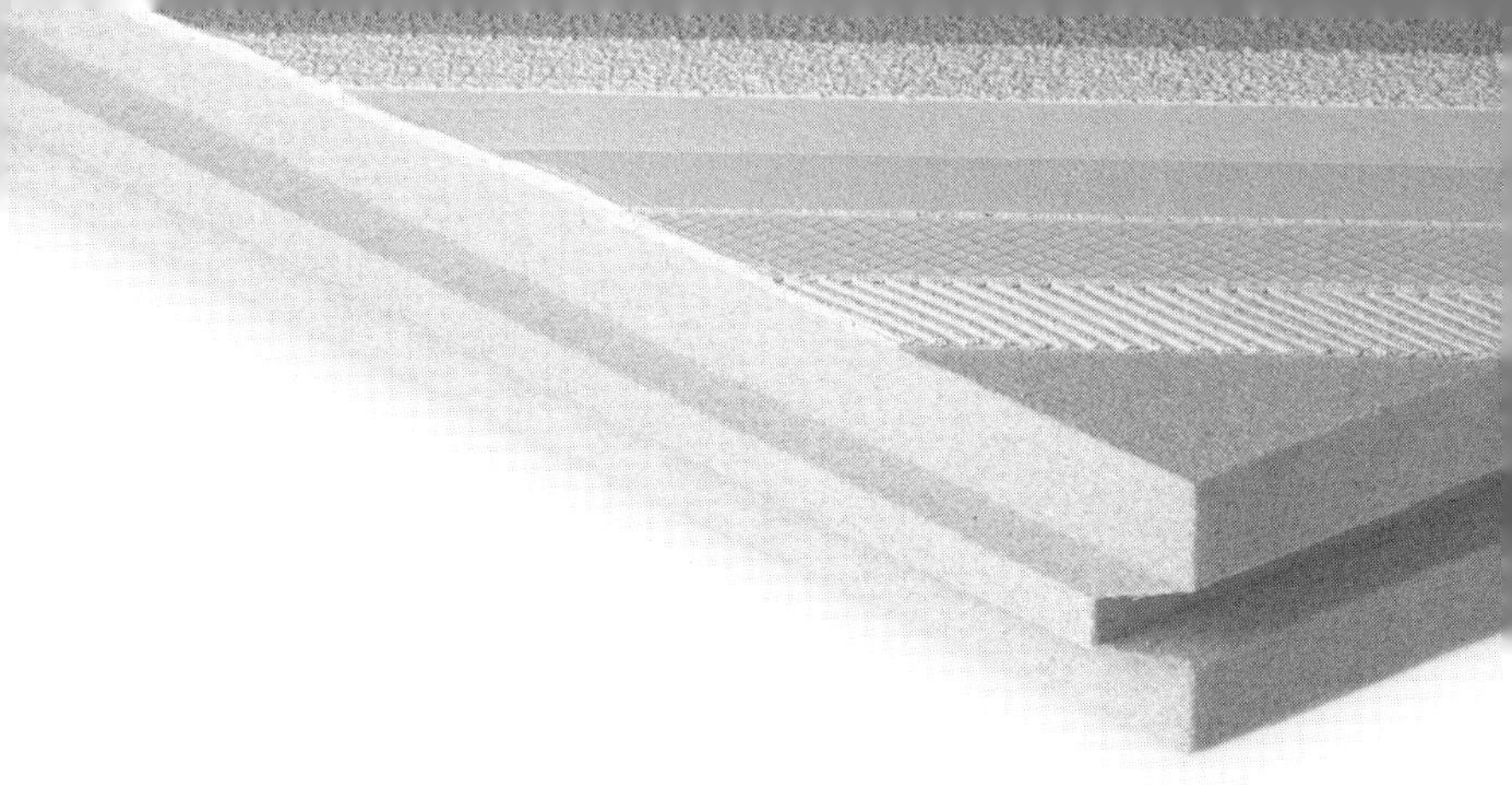

第3章 私たちが行き着いたドイツの家づくり

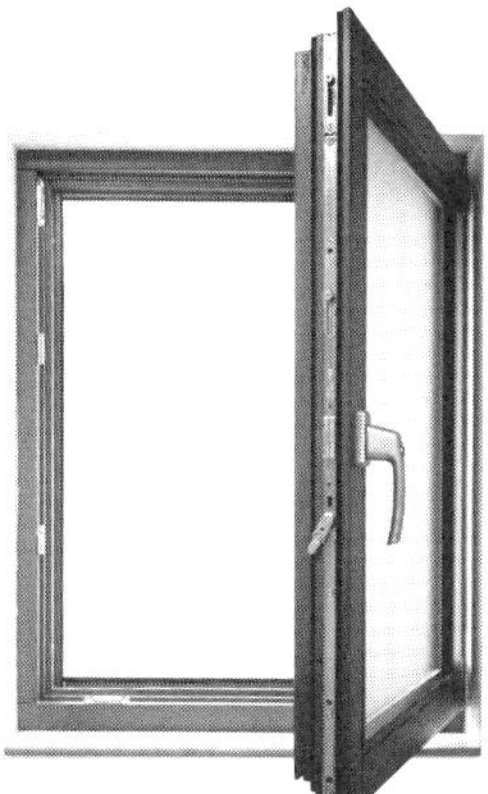

住まいは、自然素材の家が基本

ドイツ人の知り合いが日本に来てまず驚くのは、コンクリート建てのマンションに人が住んでいることです。「コンクリートに人が住んでいいのか」と彼らに問われて、私のほうが驚きました。

ドイツの住宅は、石か木造です。そして、高層の住宅はあまりありません。コンクリート造のビルはほとんどがオフィス用で、そこは人が住むところではないのです。

コンクリートの住まいは、結露をつくります。だから住宅にはあまり使用されないのですが、しかし、理由はそれだけではありません。自然素材の家には、コンクリートや化学材の家にはない心地よさがあります。人はそういうところに住むのが自然だと、彼らは考えているのです。

ドイツに限らず、ヨーロッパの国々を歩くと、自然素材の家をたくさん見かけます。天然の木や石やレンガでできた家。間違ってもそこには、日本の住宅でよく見る天然の木に似せた合板や、レンガのように見えるサイディングは使われていません。

自然素材でできた家には温かなぬくもりがあり、そこに住む人の心を穏やかにしてくれます。休日に高原や森に行きたくなるのは、豊かな自然が私たちの心を癒してくれるからでしょう。人の体の細胞の一つひとつには、長い間自然と共生してきた記憶がインプットされているのかもしれません。私たちが自然を求め、自然素材でできた住まいに安らぎを感じるのは、自然のことなのです。

そしてもう一ついえるのは、自然素材でできた家の美しさです。自然の素材は、使えば使うほど味が出て、表現しがたい美しさが醸し出されます。経年美です。ヨーロッパの古い家が美しいのは、木や石という自然素材を、住む人が大切に慈しみながら手入れしてきたからです。そうして生まれた経年美は、化学材でつくられた日本の住宅には望みたくても望めないものです。

京都の古い街並みが美しいように、ドイツやヨーロッパの街並みは美しく、そこにいると豊かな気持ちになります。ヨーロッパの素晴らしいところは、その美しい街並みが一部の観光地ではなく、いたるところにあることです。それは、そこに住む人々にとって日常の景色であり、当たり前にある美しさなのです。

その美しさは、自然素材だから生まれるものです。そして自然素材でつくった家は、最後は自然の中に還ります。こうして、私たちは自然と共生してきたのです。

ドイツ・G社との出合い

1990年に初めてドイツを訪れてから12年目の2002年、私たちはドイツの断熱材メーカー、G社に出合いました。ドイツの深い森の中に工場を建て、森で採れた間伐材で断熱材をつくって97年。そんなこだわりと歴史を持ったメーカーは、ドイツでもG社だけでした。

そのG社の姿勢から、私は製造エネルギーコストという考えを学びました。木を使うなら、木が育っているところに工場をつくる。そうすれば、輸送費などの無駄なコストを省くことができます。それはコストだけの問題ではなく、無駄なエネルギーをなるべく使わないという、エコロジーの立場に立った考え方です。

G社の断熱材を選ぶまで、私たちはG社を含めたドイツのトップスリーの断熱会社と提携し、すべての断熱材を使いました。そして、各企業の断熱材の性能比較もしました。そのなかで、断熱性能、機能性、安全性、美しさ、施工のしやすさ……など、すべての点で勝っていたのが、G社のエコボードでした。

エコボードの技術はさらに進み、いまでは断熱材の厚みを24センチまで持たせることができるようになりました。ドイツの他のメーカーは、その技術をG社から学び、断熱材をつくっているのです。

G社の技術の先進性は、あらゆるところに見られます。たとえば同じ屋根材でも、G社の屋根用エコボードは水をはじきながら、円滑に水を流し、断熱材と断熱材のジョイント部に水が入らないように加工されています。したがって施工中に雨が降ったり、完成後に万が一防水紙の下に雨が入ったとしても、構造体を傷めることはありません。こんな繊細な加工は、ドイツでもG社しか実現できません。

G社の代表に会ったとき、「このメーカーがいちばんだ！」と、直感しました。アジアの小さな島国に住む我々日本人を、彼らは決して見下すことなく、丁寧に接してくれました。2年間で12回も訪問をし、疑問点の質問を続けましたが、きめ細かに指導をしてくれ、良い人間性が良い商品をつくるのだと、あらためて納得できたのです。

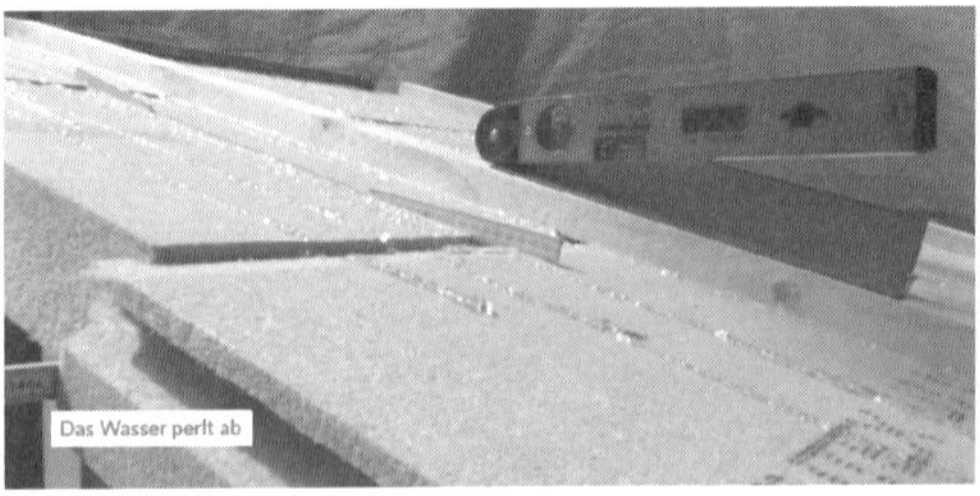

断熱材のジョイントにも決して雨が入らない屋根用エコボード

G社のエコボードに出合って18年。G社とエコボードへの信頼は、いまも揺るぐことはありません。

G社が生んだエコボードの才能

G社のエコボードは、一つの断熱材がさまざまな機能を持つ多機能断熱材です。用途に応じて屋根用、壁用、床用、充填専用の断熱材があります。それぞれ、高断熱、高気密性能にすぐれていますが、用途ごとに次のような特性を持っています。

モルタルが直塗りできる美しい4面凹凸の壁用エコボード（ノンクラック工法）

・屋根用エコボード

遮熱性、耐水性を強化し、とくに硬質に製造されています。

屋根は直射日光が当たり、雨や風をまともに受けるため、外皮に用いられる建築材料のなかでもっとも過酷な環境にあります。そのため、他の材料より傷みが早いのが普通です。ですから、太陽の熱を遮断する遮熱性、雨水の浸透を防ぐ耐水性、屋根をしっかり支える強度が必要なのです。

屋根用エコボードは圧縮率を高めて硬く製造してあるので、施工時や将来のメンテナンス時に、作業者が踏み抜いたりしないよう、安全性も確保して高い強度を保持しています。

床用エコボード

・壁用エコボード

透湿性にすぐれ、防火性が高いのが特徴です。空気の流れは止めますが、水蒸気の移動は妨げないので、結露が発生しにくく、構造体を腐食から守ります。

　また火に強く、２００４年には防火30分という厳しい防火試験に合格し、木製繊維断熱材として日本で初めて、国土交通省の認定を受けました。直近では２０１９年、60分の耐火試験に合格しています。またその際、有毒ガスを発生させることもありませんでした。ドイツで、エコボードに勝る耐火性能を持つ断熱材は、ほかにはありません。

　私たちは、この壁用エコボードを使って、

充填用エコボード

外張り断熱工法を行っています。四面凹凸のエコホードは、特別な気密材を使う必要がありません。施工もシンプルで、エコボードの上に直接モルタルを塗ることができ（モルタル直塗りシステム）、複雑な気密工事をしなくても高い気密性が保持できます。

また、メンテナンスが容易で、傷んだ部分だけを取り替えて、断熱・気密性能を簡単に修復できます。

・床用エコボード

高い蓄熱性があるので、冬でも床が暖かく、足もとが冷えません。また、遮音性にすぐれており、床の音や衝撃音をやわらげて、静かな居住空間をつくってくれます。

床用エコボードも施工が簡単で、コンクリートの基礎や構造用合板の上に直接置くことができます。これは、エコボードが水蒸気の移動を妨げない性質を持っているために実現した工法です。

・充填用断熱材

熱伝導率０・０３８Ｗ／㎡・Ｋという高い断熱性能に、遮音性能と遮熱性能を併せ持った充填用断熱材です。外張り断熱をフォローするときに使います。留め付け金具を一切使わず、反発力を利用して押し込むだけで施工できる、すぐれた断熱材です。

このように、エコボードの特徴の一つは、施工が簡単なことです。また、エコボードには、次のような基本的性能があります。

①高い断熱性能と気密性能
②水蒸気の移動を妨げず、結露を発生させない透湿防露性能
③熱を遮断し、蓄積させる遮熱性能と蓄熱性能
④火に強く、燃えても有毒ガスを出さない防火性能
⑤水に強い耐水性能

エコボードの外皮で覆った住宅の全景

⑥音を遮断する遮音性能
⑦簡単に修復できるメンテナンス性能
⑧解体時に環境を汚染しない環境性能

ドイツの断熱工法の歴史

ここからは、私たちがなぜドイツの家に惹かれたのか、その理由をお話しします。そのために、まず知っていただきたいのが、ドイツの断熱工法の歴史です。それを理解していただくと、日本の断熱工法がいかに遅れているかわかります。

56ページでもお話ししましたが、ドイツが断熱気密工法に初めて取り組んだのは、1961年のことです。初めはグラスウールの断熱材に気密シートを使い、水蒸気を止めて、結露を防止する断熱・気密工法を行っていました。日本ではおなじみの工法です。しかし、結局この工法では、結露を止めることはできませんでした。

16年後の1977年、ドイツに新しい省エネルギー性能基準が制定されました。結露を防ぐために、水蒸気の移動を止めてはいけないという法律ができたのです。断熱工法は、従来の気密シートなどにより、水蒸気を壁の中に入れない工法（非透湿工法）から、水蒸気の移動を止めない透湿工法に変わりました。非透湿外皮から透湿外皮へ、大きな転換がなされた年でした。

そしてその14年後に、初めての透湿外皮による住宅、「パッシブハウス」が誕生しました。これは、ドイツのパッシブハウス研究所が規定した厳しい省エネ性能基準を満たした住宅で、積極的（アクティブ）な冷暖房器具がなくてもよいということから、パッシブ（受け身の）ハウスと名づけられました。

この、ドイツのパッシブハウス研究所が規定した基準を満たしていれば、日本でもパッシブハウスを建てることができます。私も、パッシブハウスの名前が承認された家をドイツで見学しましたが、日本のパッシブハウスはグラスウールや気密シートを使っているケースが多く、ドイツの透湿性のパッシブハウスとは大きな隔たりがありました。

ドイツの透湿外皮の断熱・気密工法は、その後もロックウール外張りを使ったり、EPS（発泡スチロール）外張りを使ったりするなどの変遷がありましたが、現在は木質繊維板の断熱材が主流で、そこにモルタルを直接塗る外張り断熱工法が行われています。

ドイツが透湿性の断熱気密工法に舵を切ったのは、結露の問題もありますが、グラスウールの問題も大きかったと思います。ドイツでは1995年に、グラスウールの発がん性が認定されています。しかし1987年にはすでに発がん性が疑われており、その危険性もあって、なるべく早くグラスウールを使用禁止にしたかったのでしょう。

さて、そこで日本の断熱気密工法です。ドイツで1961年に始まって1977年に禁止された非透湿外皮の断熱気密工法を、日本ではいまだに行っています。世界に逆行する動きとしか言いようがありません。

その流れを私たちは阻止したい。高断熱・高気密住宅のあり方を根本から変えるためにも、私たちは「木学の家」の提案をしているのです。

メンテナンスしながら住み続ける

日本とドイツのもう一つの大きな違いは、住宅や住まい方に対する考え方です。ドイツだけでなく、ヨーロッパの国々の住宅が長寿なのは、住まいに対する考え方が日本とはまったく異なるからです。

ヨーロッパでは、メンテナンスしながら住み続けるのが当たり前で、住宅は世代を超えて住み継がれます。そのために、メンテナンスしやすい材料が使われています。石や木などの自然素材が使われているのも、そのためです。内装も外装も窓枠も、塗り直したり、貼り替えたりできるものばかりです。

つねにメンテナンスされている家は、美しく、住み心地のいい家です。だから、築100年、美しい外観を保っていられるのです。

日本では、古くなった家は壊され、新しく建て替えられます。機能的にはまだ使えても、汚くなったものは放置されたり、壊されたりしてしまうのです。

工場で大量生産された化学材は、メンテナンスしやすいようにできていません。バブルの頃の大量生産、大量消費の感覚が、この世界にはまだ残っているのです。

ドイツへの訪問を始めて44回目になる2012年の秋、私たちは驚きの光景を目にしました。商談のために訪れたメーカーの、築70年を超える社屋が断熱改修工事をしていたのです。

日本では、築70年以上もたった建物がオフィスとして使われていること自体珍しいですが、その建物に断熱工事を行うなど、考えられないことです。70年もたっていたら、おそらく断熱機能の不具合を機に即刻建て直されてしまうでしょう。

当時ドイツでは、住宅の省エネルギー基準がそれまで以上に厳しくなり、断熱改修をする住宅が急増していました。目的は、環境保護と生活エネルギー節約のため。ドイツでは国を挙げて、省エネ対策に力を入れていたのです。

外装や内装をメンテナンスし、断熱改修までして長く住まえる家を維持する。そうやって住まわれた家には、家族の長い歴史が刻まれていきます。だからこそ、住んでいる人に愛され、大切に扱われるのでしょう。

ものづくりにこだわるドイツのメーカー

ドイツの建築部材は、質実剛健といわれるドイツの国民性を反映するように、丈夫で長持ちします。しかも、デザインがシンプルで、飽きがきません。こうしたものづくりの背景には、ドイツならではのこだわりがあるからです。

私の知る限り、ドイツには、多品種のものをつくる巨大な住宅総合メーカーはありません。断熱材なら断熱材、瓦なら瓦、雨樋なら雨樋、窓なら窓だけという一品生産です。専門性を突き詰めたら、多品種の生産はできないというのが、ドイツのものづくりのスタンスです。伝統を守りながら、こだわりを持ってつくっているので、日本のメーカーのように多品種を大量生産するのは不可能なのです。

エコボードをつくっているG社も、同じです。彼らは品質管理を最優先し、計画性をもって製造しています。大量生産を事業目的とはせず、注文がいくらあっても製造ペースを崩さないこのメーカーのこだわりに、私はものづくりの姿勢だけでなく、経営哲学も学びました。ですから、信頼されるものがつくれるのです。

ものをつくるという哲学が、ドイツほど重視されている国はないでしょう。職人の高い技術力を後世に伝えようとするマイスター制度も、その一つの現れです。ドイツには、手工業を受け継いできた長い伝統があります。その伝統を簡単に覆さないドイツ人の頑固さが、ものづくりへのこだわりを生んでいるのかもしれません。

厳しい基準で守られているドイツの家づくり

ドイツは世界有数の環境先進国です。ゴミの排出やエネルギーの再利用など、さまざまなところで環境を保護する厳しい規制が敷かれています。東日本大震災で福島第一原子力発電所が事故を起こしたあと、いち早く脱原発を決めたのは、日本ではなくドイツでした。震災直後の2011年8月に脱原発法を成立させ、2022年末までに17基ある原発のすべてを閉鎖すると決めたのです。ドイツでは国民の環境意識が高く、チェルノブイリ事故の前から、強い反原発意識がありました。福島の原発事故後も、日本以上に反原発の動きが活発でした。

そういう国民性ですから、住宅に使われる建材や、建てられる住宅に対してもシビアな目が向けられています。住宅の省エネ性能が厳しく求められているのも、寒いドイツで少しでも生活エネルギーを減らし、環境に負担をかけないためです。

第1章でお話ししたように、いま日本で一般的に使われている断熱材や化学建材は、ド

東日本大震災による福島原発事故は、はからずもドイツ国民の環境意識の高さを示すことになった（東京電力・提供）

イツでは使用されていません。使えば、法律違反になる材料もあります。たとえば、直径1・1から3ミクロン以下の繊維が多く含まれたグラスウールやロックウール、セラミックは発がん性があるとして、1995年に、危険物質に対する指針（TRGS905）に記されています。

また、ロックウールは高温で加熱して圧縮する際に、大量の二酸化炭素を出します。石油系断熱は、あと何年かで枯渇する石油が原料であるうえ、燃えたときに有毒ガスを発生させます。

いま、ドイツでいちばん使われているのは、自然素材でできた断熱材です。なかでもエコボードのような、木を使った断熱材が注目を集めています。

また、室内空気質を0・08ｐｐｍに保つために、建材も厳しい基準をクリアしなければなりません。アスベストは１９９３年に全面的に使用が禁止されましたし、ダイオキシンを出す塩ビの規制に、いち早く取り組んだのもドイツです。

第4章

「木学の家＋ゼロ冷暖」で極上の快適空間

――「木学の家」の遮熱・蓄熱力とゼロ冷暖

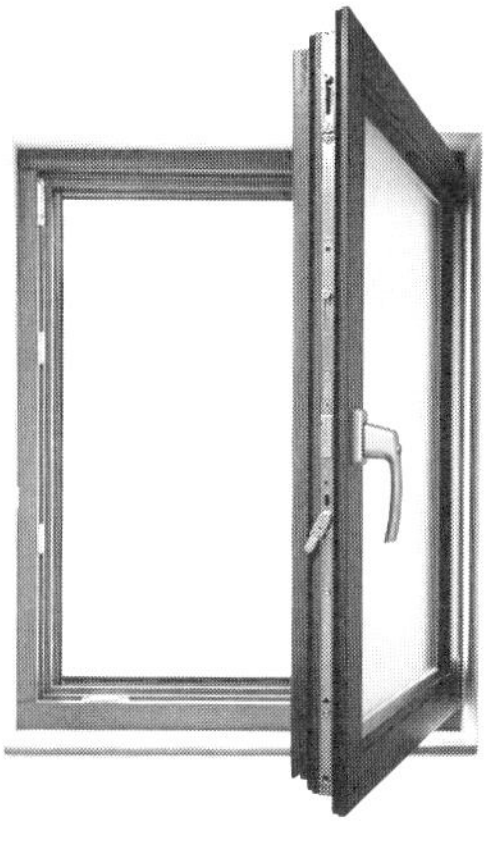

健康に、そして美しくなれる住まいとは

「私も未来も美しく」。これが、「木学の家」のコンセプトです。「美しく」という言葉に込めたのは、住まう人がもっと健やかで健康になれる住まい——美しいということは、健康であるということであり、それは日々の暮らしの中から生まれるものではないかと、思っています。

健康になれる住まいとは、健康を損なう有害な物質がないのはもちろんですが、それだけではありません。ストレスがなく、心身がリラックスできる快適な環境であることも、大事な条件でしょう。

家の中のどこにいても温度差を感じることなく、暑さや寒さからくるストレスのない住まい。安眠を妨げない、静かで気持ちの良い居住空間。良質な眠りは、快適な住環境があって、初めて生まれるものです。

私自身が「木学の家」に住んで、その快適性を体で実感しています。

2011年に建てた、いま私が住んでいる「木学の家」は、エアコンを使用しない冷暖房に挑戦しました。冷温水をパネルに循環させるシステムの冷暖房システムです。エアコンのいやな風や音がなく、フィルターの清掃がいらないシステムに挑戦し、この冷暖房システムを「ゼロ冷暖」と呼んでいます。

「ゼロ冷暖」にしてから、住まいに新しい快適性が生まれました。眠りを妨げる外の騒音がない心地よさ。気持ちの良い目覚め——。熟睡できれば、前の日の疲れを引きずることなく、新しい一日を迎えることができます。良い眠りこそ、健康の源です。

ある航空会社の客室乗務員が言っていました。「住むだけで健康になって、美しくなれる家があれば……」と。不規則でハードな生活を送る彼女たちにとって、心身が休まり、短い時間でも熟睡できる居住環境は、切実な願いかもしれません。熟睡して脳も体もしっかり休めれば、体の内側から健康になり、美しくなってきます。

地球や私たちの未来だけでなく、いま、住んでいる人を美しくする住まい。そんな願いを込めた住まいが、「木学の家」です。

夏の快適性——No.1の遮熱性能エコボード

住まいに対するお客さまの不満や不安をお聞きすると、夏がつらいのは暑い日差しや湿度です。屋根に近い2階や屋根裏部屋はとくに暑く、夜になっても熱が引かないので布団まで暑くなって眠れない。こんな声をよく耳にします。

日本の従来の木造家屋は、夏暑くて冬寒いという欠点がありました。従来の屋根用断熱材では、夏は屋根から伝わる太陽の熱を遮断できず、冬は室内の暖かさを逃がしてしまうからです。しかしエコボードは、夏は熱を遮断し、冬は暖かさを逃がさないので、夏の暑さを防ぎ、冬は暖かさを維持する快適な居住空間をつくります。

近年は温暖化のせいか、暑くなるのが早く、これまでなら何もしなくても過ごしやすかった5月、6月でも、エアコンが必要になってきました。夏本番を迎えると暑さは一段と厳しくなり、熱中症で倒れる人が後を絶ちません。室内にいても熱中症になる人がいますから、これまで以上に、夏の住まいの快適性が求められています。

「木学の家」では、間取りにもよりますが、大きな吹き抜けがある住宅では、エアコン1台で冷房をしている住まいもありますし、「ゼロ冷暖」で、洞窟のように全館が冷える24時間冷房が採用可能です。水蒸気が移動する透湿外皮を使っているので、梅雨時でも湿気が閉じ込められることはありません。一日中、爽やかな冷涼感の中で過ごせます。それが実現したのは、遮熱性能の高いエコボードを使っているからです。

エアコンでも快適ですが、「ゼロ冷暖」によって全室24時間冷房をした場合、建坪40坪の家で月に6500円くらいの光熱費で可能です。

強烈な太陽の熱を遮断するエコボードの屋根断熱

屋根の施工方法では、屋根に陽が当たると、温度が70℃以上に達することもあります。その熱が屋根裏や3階、2階に伝わると、室内は熱帯のごとく熱くなり、エアコンをかけてもなかなか冷えません。その理由の一つは、使われている断熱材に遮熱力がないからです。

屋根用エコボードは、２００㎜の厚さのものを使うと、屋根に熱が当たっても、その熱が室内に到達するまで12時間、熱を遮ります。12時間たって遮熱しきれなくなると、熱伝導が始まります。

この遮熱時間をほかの断熱材と比べると、セルローズは4時間、石油系（ウレタン）は2時間、グラスウールは1・5時間と短く、羊毛に至っては30分しかありません。遮熱時間が30分いうことは、屋根に熱が当たって30分後にはもう、室内に熱が届いているということです。

エコボードは、遮熱性能が比較的良好なセルローズに比べても、3倍の性能があります。「木学の家」がすぐれた省エネ力を持つのは、この遮熱力と、あとで述べる蓄熱力が非常に高いからです。この遮熱力、蓄熱力は、屋根用・壁用・床用・充填用エコボードのすべてに備わっています。

遮熱力・蓄熱力の比較

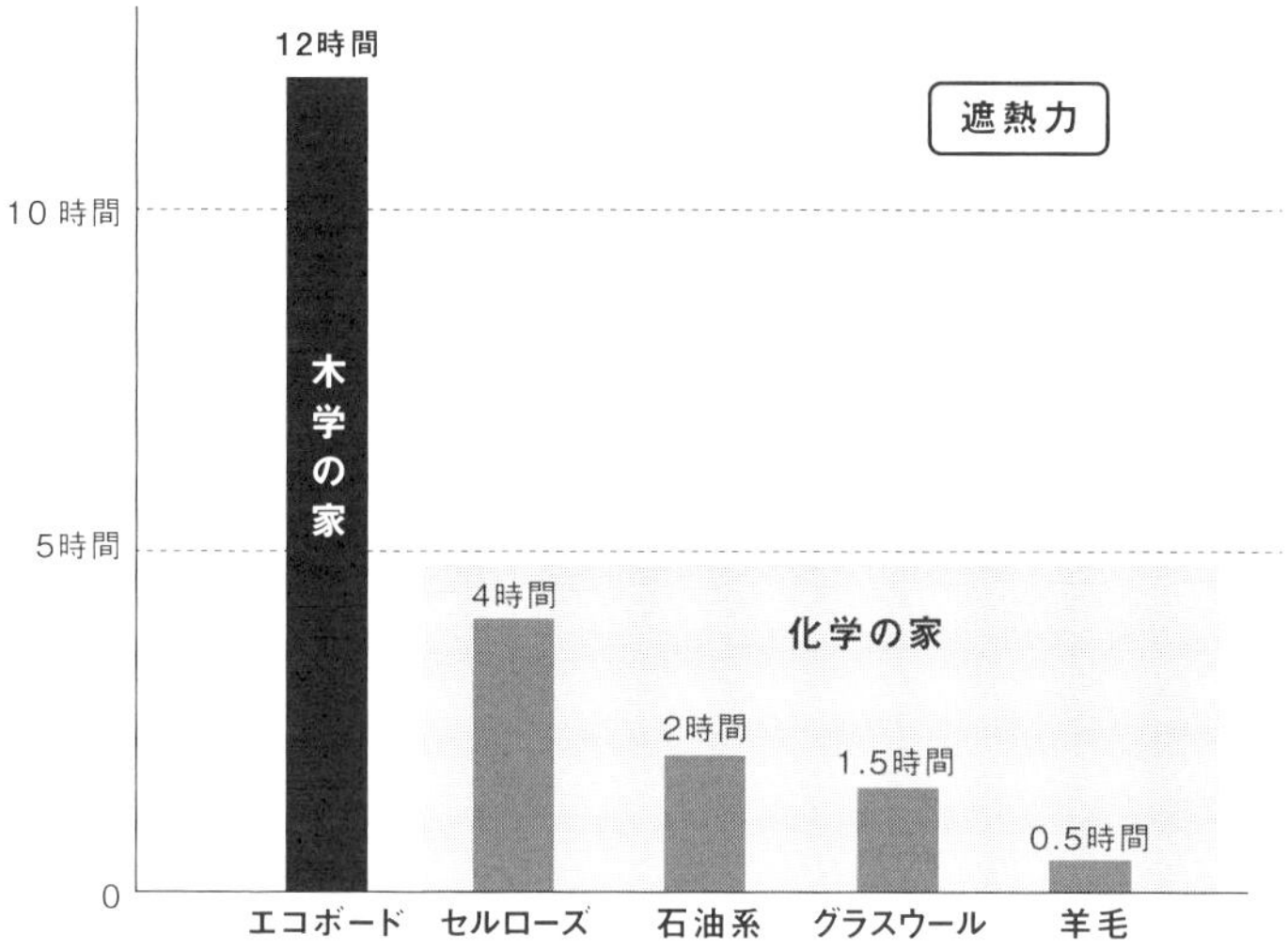

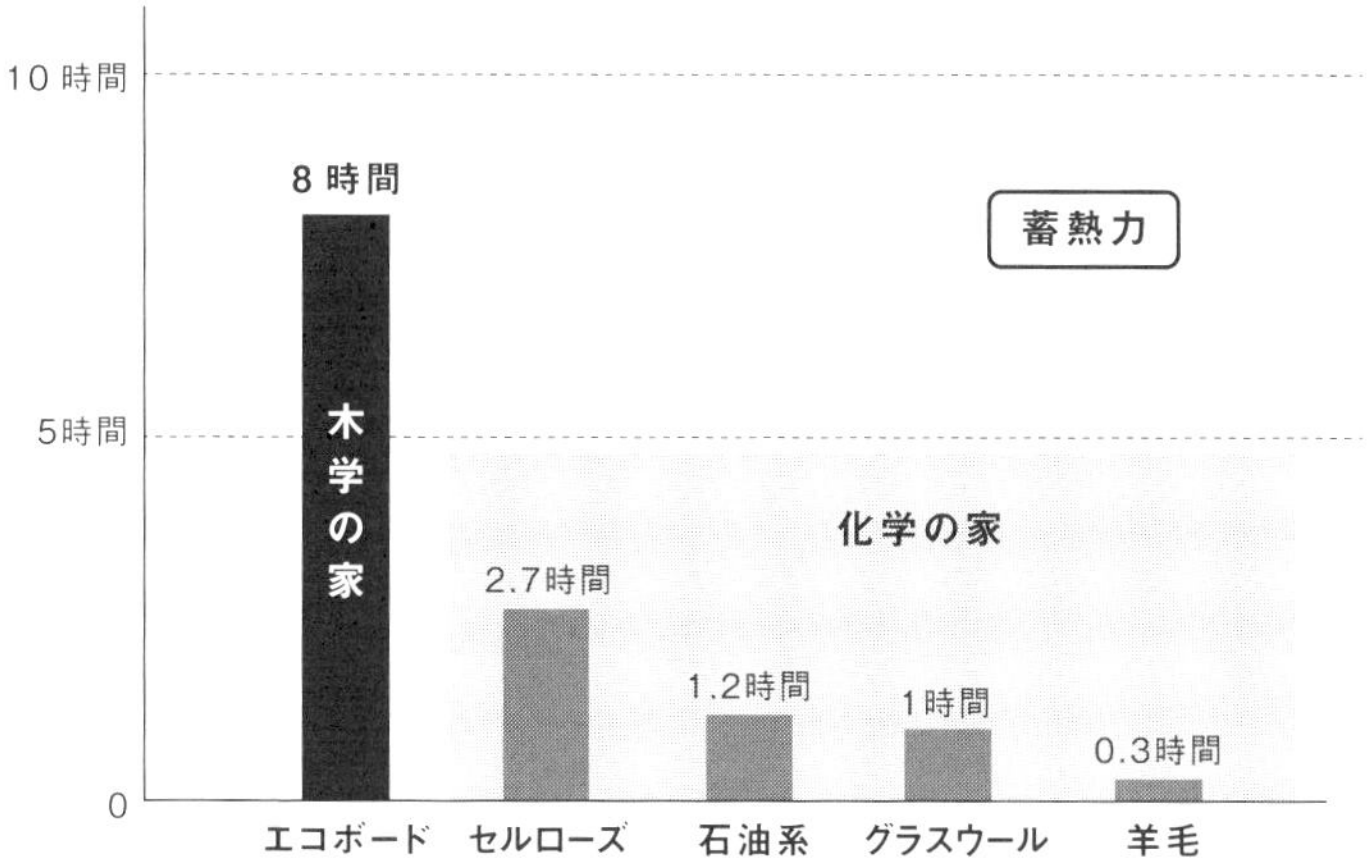

※同じ厚さの断熱施工をした場合の比較

冬の快適性――どの部屋も暖かく、床はポカポカ

冬の住まいに対する不満でとくに多いのは、足もとがいつも冷たいことや、廊下、洗面所、トイレなどが寒いことです。どちらも健康に直結する、大事な要件です。

女性は冷え症の人が多く、足が冷たくて眠れないという悩みをよく聞きます。靴下を何枚もはいたり、湯たんぽを入れたり、電気毛布をかけたりと、苦労している人も多いでしょう。といって、暖房をつけたまま寝ると、風が吹き出て乾燥したり、エアコンの音が気になって眠りにくくなったりしてしまいます。

最近は、ヒートショックも大きな問題になっています。夜、暖かいリビングから寒いトイレや風呂場の脱衣所に行くと、その温度差で急激に血管が縮み、血圧が上がります。反対に寒い脱衣所から暖かい浴槽に入って湯に体を沈めると、今度は急に血管が広がって血圧が大きく下がります。この血圧の変動をくり返すと、心筋梗塞や脳卒中を起こしたり、入浴中に溺死したりすることがあるのです。この、温度差によって起きる健康被害をヒー

トショックといいます。

日本の住宅の多くは、部屋ごとにエアコンを入れていますが、居室空間ではない廊下やトイレ、脱衣所までストーブやエアコンで温めている家庭は、そう多くはないでしょう。そのため、暖房をしてある部屋とそうでない部屋の温度差が大きく、ヒートショックを起こしやすいのです。ふだんから血圧の高い人や、血管がもろくなっているお年寄りは、とくに注意が必要です。

「木学の家」は、全館温度差のない24時間暖房（ゼロ暖房）を採用できますので、場所による温度差はほとんどありません。トイレも脱衣所も風呂場も廊下も、リビングや寝室と同じ温度です。

しかも、床暖房していないのに、床がポカポカです。真冬に素足でいても、足が冷たくなることはありません。布団やベッドに入っても、足が温かいのですぐに眠りにつけます。

一年でいちばん寒い2月に、私の自宅の床の温度を測ってみました。その日の外の温度は0℃。ところが、リビングの床は24・2℃、浴室の大理石の床は23・5℃、キッチン、ダイニングの床は24・2℃でした。どこの部屋の床もほとんど温度差がなく、冬に快適だと感じる20℃以上を保っていました。

熱を8時間も蓄えるから暖かい

床がこんなに暖かい理由は、床に蓄熱力の高いエコボードが敷かれているからです。床に熱が当たると、エコボードはその熱を吸収して8時間蓄える蓄熱力があります。8時間ずっと保熱してから熱を逃がすので、床の温度が上昇します。その上に大理石のような石を敷くと、石が暖かくなります。大理石の床と聞けば、「ひんやり」と思うでしょうが、素足でも大丈夫。大理石の床が23℃もあるのは、ふつうでは考えられないことです。

それに対して、セルローズのような断熱材は、2時間しか熱を保持できません。2時間たつと熱を逃がしてしまうので、床が暖かくならないのです。

「木のぬくもり」という言葉がありますが、それはイメージや感覚的なものだけではなく、エコボードを使うと実際に足がポカポカ温まるのです。このぬくもりは、化学建材では得られないものです。

夏は反対に、冷気を8時間留めるので、部屋の温度が下がり、涼しさが持続します。この蓄熱力は、壁のエコボードにもあります。そのため、あとで述べるように冷暖房のコストも安く抑えられるのです。

「ゼロ冷暖」＋エコボードだから実現した快適な温度感

私たちが採用している冷暖房システムのひとつには、パネルの中を冷水や温水を循環させて、そのパネルからの輻射熱で室内の温度を調整する冷暖房パネルを使っています。

この冷暖房パネルは室内に数カ所設置するだけで、各室やリビングはもちろん、キッチン、トイレ、バス、洗面所、廊下まで、全館均一の温度で冷やしたり、温めたりできます。

夏はパネル内に10～20℃の冷水を、冬は25～40℃の温水を循環させます。そのパネルからの輻射で、壁や天井、床、家具が温められたり冷やされたりします。この温輻射や冷輻射で、空間全体が快適な温度になるのです。

また全館同じ室温を保つことで、結露も防げます。

冷暖房パネルは、風が出ません。音もしません。フィルターの掃除も交換も必要ありません。風もゼロ、音もゼロ、フィルター交換もゼロ。この三つのゼロから、冷暖房パネルを使った冷暖房システムを「ゼロ冷暖」と名づけました。ゼロ冷暖だから、夜寝ている間も、風や音や温度を気にすることなく、心地良く眠れます。

また、暖房システムだけにパネルを使った「ゼロ暖房」も快適です。

蓄熱性の低い「化学の家」では、「木学の家」＋「ゼロ冷暖」の快適性は生まれません。

最近、私たちが使っている冷暖房パネルと同じパネルを設置した住宅を散見するようになりました。「ゼロ冷暖」と同じように、「風も音もない」ことを謳っていますが、「木学の家」とは得られる効果に大きな違いがあります。

なぜ違うのか？　それは、この「ゼロ冷暖」とともに住宅の外皮に大きな要因がありま す。詳しくは第1章で述べましたが、「木学の家」で外皮に使っているエコボードには高い断熱性、気密性、遮熱性、蓄熱性があるので、外の冷たい空気や熱い空気が侵入せず、しかも、遮熱・蓄熱します。そのため、全館同じ温度で暖かく（夏は涼しく）保ったり、コストを低く抑えたりすることが可能なのです。

真冬の天然石の床面温度（「ゼロ冷暖」採用時）

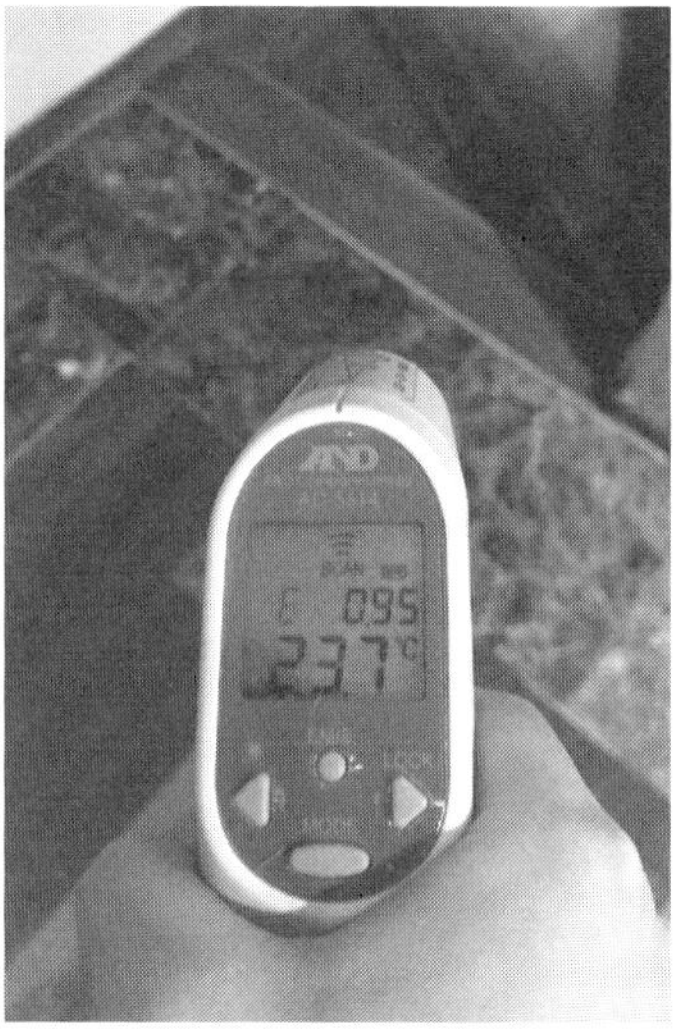

リビングに敷かれた
大理石の温度

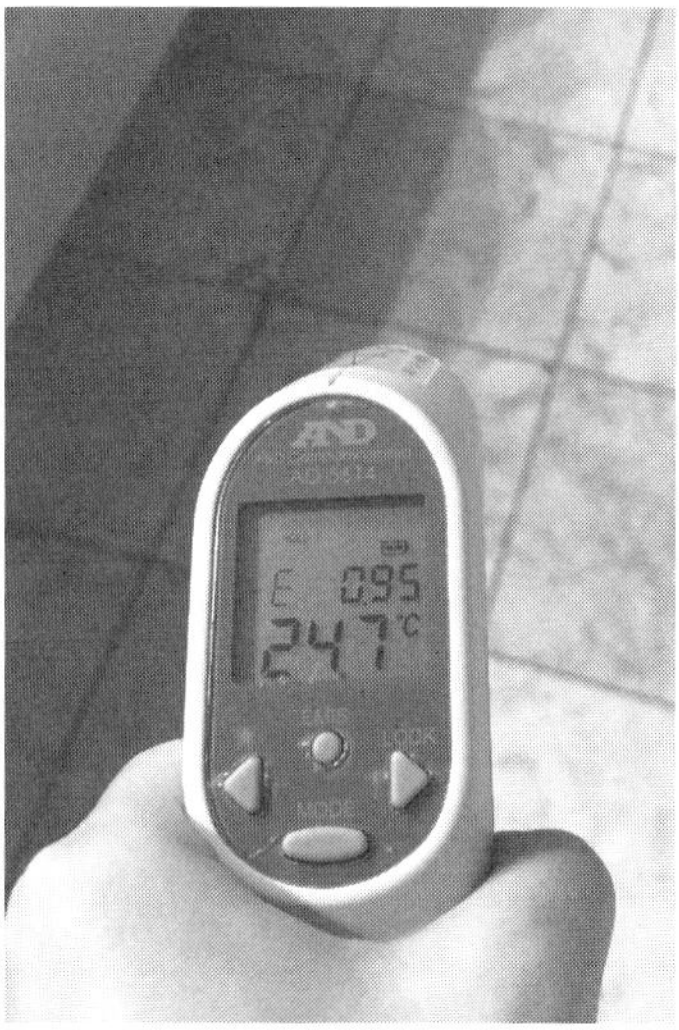

洗面室に敷かれた
大理石の温度

エコボード床用の高い蓄熱力で、真冬でも素足で歩けるほど床が暖かい

全館冷暖房のコスト

しかしいくら省エネ住宅とはいえ、全館24時間冷暖房というと、やはりコストが気になると思います。北欧では、同じシステムで暖房だけを行う温水式パネルヒーターが標準的に使われており、全館24時間暖房はどこの家庭でもふつうのことです。しかし日本の住宅では全館24時間冷暖房はまだ一般的ではないので、どうしても高コストのイメージが拭えません。

私たちは、実際にどれくらいコストがかかるのか、「木学の家」の夏と冬の冷暖房費を試算してみました。建坪40坪の家で24時間ゼロ冷暖パネルをつけっぱなしにして、1ヵ月分の電気代を出してみたのです。すると、夏は月6000円程度、冬は月8500円程度でした。皆さんのお宅の冷暖房費と比べて、いかがですか。おそらく「ゼロ冷暖」のほうが安いと思います。これだけの金額で、寒い冬も暑い夏も、家のどこにいても快適でいられるのですから、コストパフォーマンスはかなりいいと思います。

しかしこれは、「ゼロ冷暖」だけでは実現しません。エコボードを外皮に使った「木学の家」だから、可能になったのです。

私の家では、「ゼロ冷暖」を使うのは、夏は7月から9月いっぱいまで、冬は11月に入ってからです。3月〜6月と10月はほとんど使いません。

また、冬は床が暖かいので、とても快適です。一般的に、暖房をつけていても足もとが冷たいことがよくあります。そのため、床暖房にしたり、空気を循環させるサーキュレーターを買い足したりすると、よけいに費用がかかってしまいます。「木学の家」＋「ゼロ冷暖」なら、そういう余分な出費も防げます。

住まう人とつくる人が語る「木学の家」の快適性

「木学の家」の快適性について、ご理解いただけたでしょうか。

ここで、実際に「木学の家」に住まわれているお二人の方の生の声を、お届けしたいと思います。その快適性を、よりリアルに感じていただけるものと思います。

ハードな毎日を支えてくれる素晴らしい室内環境

平井こどもクリニック院長
平井克明

2002年、私は全館を24時間暖房できる理想的な住まいに出合い、家を購入しました。住宅展示場として完成していた高断熱高気密住宅でしたが、廊下やトイレ、バスルームまで家中温度差のない環境を実現できる住まいであり、身体を冷やさないことにより、免疫力の低下を予防できるという点でも理想的な住まいでした。

そして2007年、住まいに続き、念願の医院の建築に着手。ドイツ製の高性能な材料である木製窓と木製断熱材を使用した、全館が24時間暖かい医院の工事に着手しました。大きな吹き抜けのある待合室や受付、診察室などはエアコン1台で冷房を行い、暖房は風のない全館24時間暖房を採用する空調の医院です。

半年をかけ出来上がった医院は、期待した通り暖かく、涼しく、静かな環境が実現できました。

さらに、2009年。三件目の家づくりを計画しました。1軒目の自宅が、子供も増え

暖かく、涼しく、静かな環境を実現した平井こどもクリニック

手狭になったための住み替えです。ここで選択した住まいも、木の窓と木の断熱材でつくる木の家でした。自宅と医院での快適な室内環境を考えれば、他の選択肢はなく、空調も全館24時間暖房を選択しました。

家中温度差のない住まいは、ヒートショックなどのリスクも軽減できるうえ、身体が冷えない住まい、蒸れることのない涼しい住まい、騒音が遮断され熟睡のできる住まい。それらは健康のもとであり、ハードな毎日を支える素晴らしい室内環境です。

ある日、エアコンの取り付け業者が、壁の中に隙間なく入った断熱材を見て驚いていたのを覚えています。見えないところにも手を抜かない。その考え方が高い性能の家づくりを実現しているのだと思います。

床がポカポカ、熟睡できる快適空間

匿名希望

２０１６年、私たちは「木の窓」と「木の断熱材」の住まいに引っ越しました。いずれもドイツ製の材料で、日本の材料では実現できない性能を持つと説明を受けました。

そして冷暖房には、ゼロ冷暖を採用しました。エアコンで冷暖房を行う方法や、暖房はパネルヒーターによる全室24時間暖房で、冷房はエアコンを使う方法。そして、私たちが採用した、全室を24時間冷暖房する「ゼロ冷暖」と三つの方法が選択可能でしたが、やはり風もない、音もない、フィルターの交換もない「ゼロ冷暖」は魅力的でした。

最初の費用が一番高いのは「ゼロ冷暖」でしたが、フィルターの清掃も必要なく、手間いらずの性能や、風がなく埃が舞い上がらないことも魅力でした。

そして何より床がポカポカで、トイレや浴室まで暖かくできる性能や、夏でも2階の寝室が暑くて寝苦しいこともなく、深い睡眠をとることができており、選択は間違っていなかったと感じています。

毎月の費用も、全館を24時間冷暖房して1万円かかりません。温度差のない環境は身体にも良いですし、音と風がない冷暖房に満足しています。

さらに、窓で結露が発生することもありません。侵入を防止する性能も優れていて、安心して通風ができます。

また、外の音はまったく気になりません。閉めれば音を遮る性能には驚きます。なぜ日本でつくれないのか、不思議に思います。窓ガラスを拭くのも内開きですので、とても楽に清掃できますし、レールが無く、結露によるカビもないので掃除はとっても楽です。

木の窓と木の断熱材により家の外皮をつくる「木学の家」は、正しい選択であったと実感しています。

*

「木学の家」を実際に体験されている方々のお話をご紹介しました。

ここで、「木学の家」の担い手ともいえるエコボードを使った建築を手掛ける、現場の人たちの声にも耳を傾けていただきたいと思います。建材店の営業担当者と工務店の代表です。

初めての環境建材との出合い

炭平コーポレーション株式会社
平井敬二

2016年、私はエコボードに出合いました。そして、エコボードに包まれた住宅展示場に、初めて入ったときの感動をいまも覚えています。

温度差のない暖かい室内。まるで床暖房に思えたポカポカとしたフローリング。長野県という寒い地域で育ち、いまも住む私には、驚きでしかない環境でした。

家づくりの材料を販売する会社に入社して12年。初めての経験と驚き。会社にはすぐに報告をし、エアコンの能力ではなく、断熱材の性能で驚きの快適性を実現できることを報告しました。しかし、新しい建材の採用には時間を要し、すぐに取り扱う許可は出ません。しかし私は諦めきれず常務に直接談判。1年近い期間は必要でしたが、販売の許可を得ることができました。

エコボードという、優れた建築建材に出合えたことに、心から感謝をしており、製造会社でもあるドイツ、G社での研修会にも参加させていただき、その技術力の高さも確信しました。

私の子供たちの時代には、すべての日本の家が、未来に悪影響を及ぼさない環境建材で家づくりができるよう、この素晴らしい断熱材を日本中に広める努力を、工務店さんとともに行っていくことを決意しています。

木質系環境断熱材へと移行することを決意

西日本グッドパートナー株式会社
取締役副社長
高倉 潤

家づくりの設計を仕事としてきた私は、過去、さまざまな建材を使用した建物を設計し建築してきました。しかし、常に頭の片隅には、結論の出ない疑問。それは、使用する建材の環境性能でした。

将来必ず処分される建物は、本来その安全性を確保した建材でつくられなければならない。しかしデザイン性や目先のコストに囚われれば、つい耐久性や環境への影響を無視してしまう――。

結婚をし、家庭をもち、長女が生まれ、さらにその思いを強く抱くようになり、住まいの断熱性能や健康性能など住まいが本来持つべき基本的な性能を強く意識するようになりました。

そんなときに出合ったのが環境断熱ＥＣＯボード。製造時から廃棄時に至るまで、もっとも環境に負荷を与えず、断熱性能をメンテナンスしながら長持ちさせることのできる、過去出合ったことのない断熱材でした。この持続可能な性能を持つ木質断熱材のエコボードには、シンプルな考え方が詰まっており、暖かさや涼しさ、静けさがもたらせることも大きな魅力です。

住まいは個人の資産であると同時に、社会の資産でもあります。永く住み続けることのできる住まいをつくり、未来の子供達に少しでも良い住環境と地域環境を残していきたいと思っています。

そのためにも私たちは、提供する住まいのすべての家を、エコボードを軸にした環境建材にすることを目指し、取り組んでいきたいと決意をしています。

日本の常識を覆すエコボードの衝撃的性能

建材店営業
ひらやまともや

私は、建築資材卸売会社に入社17年。営業部に配属され、地元の材木店や建材店へのルートセールスが主な仕事です。

入社当時の断熱材の販売は、天井にはグラスウール100㎜、壁には50㎜、床には石油系のサニーライト30㎜を販売していた時代です。

しかし最近では、国策である住宅エコポイント制度などにより、高断熱の新築住宅には補助金が出るようになり、断熱性能の重要性が地場工務店さんや大工さんにも認識されるようになり始めました。ただ残念ながら、補助金をもらうために熱伝導率の低い製品を提案し、工務店さんが採用しているというのが現状でした。

そのころから、グラスウール断熱材の施工不良による性能低下が問題になり、グラスウールに代わり、石油系断熱材の普及が加速していきました。

実は私も4年ほど前、自宅を建築しました。これまでの経験と関係の深いメーカーということで、屋根・壁にグラスウールを、基礎断熱材にポリスチレンフォームを採用し、当時のHEAT20・G2性能を取得できる仕様でした。グラスウールの施工不良に対応するため、通常は大工さんが行う断熱施工を専門業者に依頼しました。

グラスウールは、業界では一般的な製品であり、長い間使用され続けています。価格の割に熱伝導率が低く、コストパフォーマンスがいいと日本では評価されています。

しかし、取り付け方によっては住まいに問題が発生することは知られている一方、その正しい施工方法を学ぼうとする業者が少なく、業界では大きな問題点なのです。

私がエコボードと出合ったのは、自宅のプランニングをし、長期優良住宅の認定を受けるための各種図面の作成が終わったころでした。松岡社長より、ドイツ製ウッドファイバー断熱材、エコボードの説明を始めて聞いたときには、大変な衝撃を受けました。

私も断熱材には、多少なりとも広い知見をもっていると自負していましたが、日本の高断熱高気密住宅では当たり前だと思っていた知識が、ことごとく覆されたのです。気密シートが水蒸気の移動を止められないことや、止めたとしても夏場には外から入ってくる水蒸気で壁体内に結露が起こること。断熱気密性能には復元性が欠かせないこと、解体時にも環境への負荷を少なくするべきであること。ドイツでは、1961年から気密シートを使用していたが、結局結露を防ぐことができず、1977年から水蒸気の移動を止める気密材は使用が禁じられたことなど、それらすべてのことが取引をしていた一流メーカーや建設業者の誰も教えてくれなかったことでした。

実際に自宅のグラスウールの外皮と、エコボードの外皮でできた住まいの性能は、どちらも24時間冷暖房をしていますが、快適性は明らかに違います。

自宅の完成から3年ほど経ちますが、「木学の家」づくりを学び、多くの知識をいただき、今の日本の住まいづくりが抱える課題や、一般的に流通している製品にさまざまな問題点のあることに気づくことができました。

これまでの断熱材の営業は、製品のメリットとデメリットを天秤にかけ、お客様にとってメリットがある製品を提案し、デメリットには触れない営業方法でした。しかしエコボードに出合ったことで、嘘偽りのない気持ちで家づくりの提案をすることができ、嬉しく思っています。

これからもエコボードの普及を促進し、持続可能な断熱気密性能をもつ家で、快適に暮らせる家族を増やし、私の子供や孫の世代には、現在よりも素晴らしい住環境を残せるように提案をしていくことを決意しています。

第5章

木の窓と透湿外皮がつくる安全な住まい

——「木学の家」の防露・防犯・防火・遮音力

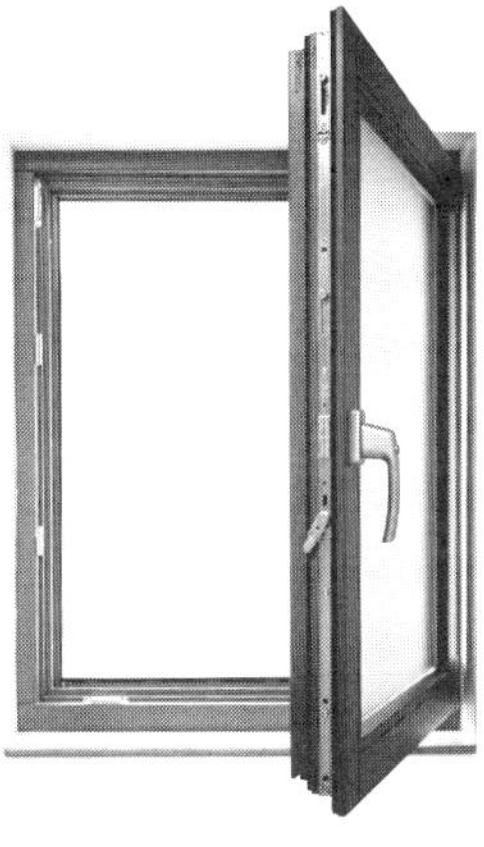

窓は重要な外皮の一部

「木学の家」は、屋根も壁も床も呼吸する断熱材、エコボードでつくられています。いわば、エコボードという外皮にすっぽり覆われた家ですが、その外皮の一部でもあるのが、窓です。したがって外皮の性能は、窓と一体のものとして考えなければなりません。ですから私たちは、窓にとてもこだわっています。

窓は、空気を入れ替えたり、暖かい日差しを取り入れたり、心なごむ風景を見るためにも、なくてはならないものです。窓が一つあるだけで、閉ざされた空間に開放感が生まれ、住む人の気持ちがなごみます。また、家の外観も変わってきます。

この窓に求められる条件は、風雨や紫外線に対する耐久性、断熱性能の維持、結露の防止、遮音性能、防犯性能などです。

いくら家を高断熱・高気密の外皮で覆っても、そこに断熱性の低い窓をつけてしまったら、すべての性能が無意味になってしまいます。

日本の住宅は従来、シングルガラスのアルミサッシ窓が使われていました。最近はペア（2枚）ガラスのアルミサッシ窓が増えましたが、アルミサッシは、熱伝導率が高く、隙間もできやすいので、断熱性や気密性に劣ります。そのため、結露を生じやすいという欠点があります。エコボードの外皮にアルミサッシの窓をつけたら、それはただの穴に過ぎないと言わざるを得ません。

このアルミサッシ窓の欠点を補うために登場したのが、PVC（ポリ塩化ビニール）樹脂の窓です。アルミサッシに比べて熱伝導率が低いので、断熱性能が向上し、結露もある程度防げます。私たちも1990年頃から、標準仕様としてPVC樹脂製窓を採用していましたが、紫外線で劣化しやすく、燃やすとダイオキシンが出るなどの問題があって、採用をやめました。

化学材の窓がダメなら、木製の窓を探すしかありません。木のフレームなら熱伝導率が低く、高い断熱性と防露性を期待できます。私たちは木製の窓を求めて、日本国内やヨーロッパ中を歩きました。実際に、いくつかの木製フレームの窓を使ってみました。

そして最終的に選んだのは、ドイツの木の窓、「ジャーマンウィンドウ」でした。この窓は、断熱性、気密性、防露性、耐久性、遮音性、防犯性のすべてにわたって、満足のいくものでした。しかも、落ち着いたデザイン性も備えています。

エコボードと同様、この窓に出合えたことに、私たちは深く感謝しています。

私たちが選んだ木の窓、「ジャーマンウィンドウ」

ドイツで90年以上の歴史を持つ「ジャーマンウィンドウ」を取り扱うようになったのは、2004年からです。

木の窓に行き着くまでに私たちが使っていたPVC樹脂の窓は、30年で窓枠が劣化して使えなくなりました。このPVC樹脂の窓を使っている限り、長命住宅はつくれないと思いました。

そのPVC樹脂の窓を使って私たちが1989年に建てた展示場の住宅は、ブラウンだった窓枠が白くなり、気密パッキンも劣化して、いまでは使いものになりません。建てた当時は、まさかこんなに早く劣化するとは思いませんでした。

ところが、この窓を取り替えようと思っても、そう簡単に取り替えることができません。

羽根のようなフィンのついた日本の窓は取り換える際、窓の外周にそって外壁（写真点線部）を切断しなければならない。写真は30年で紫外線のために劣化したPVC樹脂の窓

窓を取り替えるためには、窓の外周の外壁をカットしなくてはならないのです。

日本の窓は、フィンといって羽根のようなものがついており、フィンに金物を打ち、建物に取り付け、外壁をかぶせてフィンを隠します。ですから、取り替えるときには外壁を切らないと、窓は外せないのです。

またガラスだけ取り替えようと思っても、ガラスを固定している押し縁が外についているので、2階以上は足場を組まなくてはガラスの交換もできません。

こうした日本の窓の悩みをすべて解決してくれたのが、ドイツの木の窓、ジャーマンウィンドウでした。

ジャーマンウィンドウは、日本の窓のよ

うに外付けではなく、内付けです。交換するときには、プラスターボードを4ヵ所外せば、内側に引き抜けるように施工されています。また、ガラスの押し縁も内側についているので、ガラスの交換も室内からできます。このようにメンテナンスがよく考えられており、内側から簡単に取り替えられるのです。

ドイツの窓は内開きが基本です。外には開きません。ガラスを拭いたり、枠にワックスを塗ったり、色が剥がれれば内側からペイントできます。それに対して日本の窓は、引き違い窓でレールがあり、そこに埃がたまったり、結露ができてカビが生えたりします。ですからレールのお掃除が大変です。ジャーマンウィンドウはレールがないので、掃除も簡単で、日々のお手入れがらくなのです。

窓に限りませんが、ドイツの建築部材は、細かなところに生活の知恵が生かされています。それは、100年住宅が培ってきた、住まう人が100年心地良く住むための知恵でしょう。窓にも、それがいかんなく発揮されています。

高断熱性能で結露を防ぐ——防露性

私たちが木の窓を求めたのは、木が水蒸気の移動を妨げず、しかも熱伝導率が低くて断熱性が高いからです。したがって、まったく結露をつくりません。それは、私たちがエコボードに求めた性能と同じ理由です。

ジャーマンウィンドウはフレームだけでなく、ガラスにもこだわりました。ジャーマンウィンドウが採用しているのは、外側6㎜、中間4㎜、内側4㎜という3枚のガラスの間に12㎜の空気層を挟む三重のガラス構造で、空気層には特殊なガスを注入しています。これによって、高い断熱性と遮音性を可能にしました。

断熱性能の指標の一つが、熱貫流率という数字です。これは熱が1時間にどれくらい移動する（逃げる）のかを見るもので、W／㎡・Kという単位で表します。当然、数値が低いほうが断熱性能にすぐれています。

私たちが採用しているトリプルガラスの熱貫流率は、0・75W／㎡・Kです。どんなに高性能な窓ガラスでも、日本にはこれ以上の熱貫流率を持つ窓ガラスはないと思っています。ちなみに、アルミサッシにはめられているシングルガラスの熱貫流率は、3・8W／㎡・K。その差は歴然で、私たちのトリプルガラスの5倍、熱を通します。熱貫流率が低く、熱を通しにくいということは、結露を発生させにくいということです。

ジャーマンウィンドウは、特殊なゴムパッキンをはじめ、窓と枠を密着させる金物を使っています。こうして高い気密性を維持することで、断熱性能を強化しています。それによって、窓全体としてはきわめて性能の高い、0・75W／㎡・Kという熱貫流率を実現しました。

性能の低い窓は穴に過ぎない――これが事実です。日本の住宅は、どんなに暖房をつけて部屋を暖かくしていても、窓のそばに寄ると冷たい風が入ってきて寒く感じます。それは、窓が外皮としての役目を果たしていないからです。

窓はそもそも、その存在自体が断熱性を損なうものです。私たちがつくっているエコボードの熱貫流率は、0・04W／㎡・Kですが、これに比べると、0・75W／㎡・Kのジャーマンウィンドウでさえ、20倍も熱を通してしまうのです。アルミサッシの窓は、あるメーカーの高性能を謳った窓でも、熱貫流率が1・6W／㎡・Kあります。これは、エコボードの40倍、熱を逃がします。窓がどれだけ部屋の断熱性、気密性を損なっているか、わかっていただけると思います。

私たちがジャーマンウィンドウに出合った年（2004年）に建てた住宅の木の窓は、現在も紫外線劣化しておらず、断熱性能も気密性能も当時のままです。

壁と窓はセットで、外皮を構成しています。私たちは少しでも窓の断熱・気密性能を高めて、壁に近づけようと努力しています。

図書館にいるような静けさ――遮音性

気密性が高い窓は、遮音性にもすぐれています。ジャーマンウィンドウは、日本の窓にはない高い遮音性能を持っています。外部の騒音を遮断して中に入れず、室内の音を外に漏らしません。窓を閉めると、図書館にいるような静寂な空気に包まれます。また、プライバシーもしっかり確保されます。

静かな居住空間を得るために、窓に遮音性を高める工夫もしました。窓ガラスに、厚み

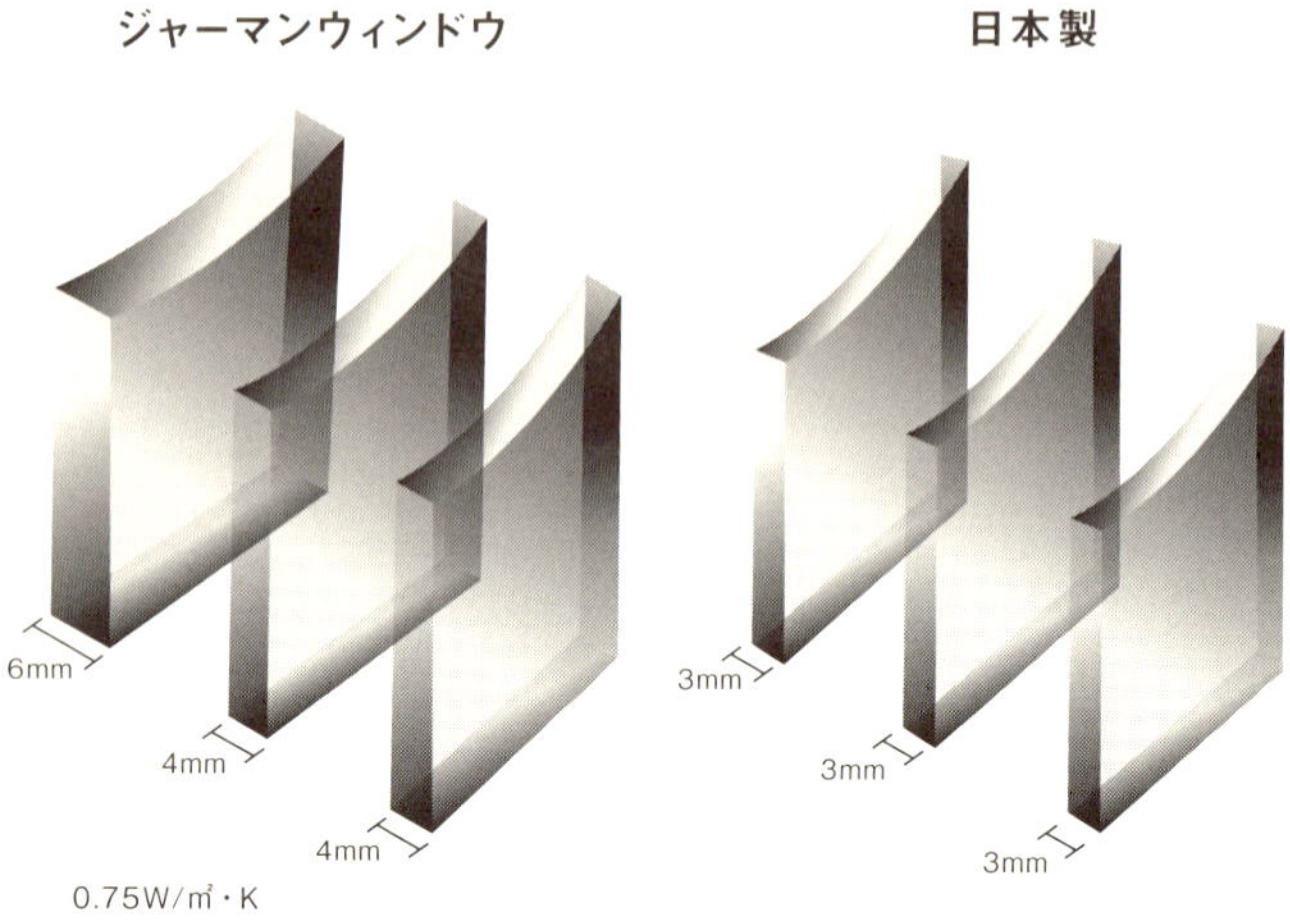

の違うガラスを用いることにしたのです。
音にはコインシデンス（coincidence）という特性があります。音が板状の物質を通過するとき、その物質の厚みによって一定の周波数の音が遮断されるのです。ですから、厚みの違うガラスを採用すれば、それだけカットできる周波数が多くなります。トリプルガラスの場合は6㎜、4㎜、4㎜の3枚ガラス、ペアガラスの場合は8㎜、4㎜の2枚ガラスです。それにより、どちらも35デシベル（db）の音を遮断できるという高性能の窓が完成したのです。
日本のトリブルガラスやペアガラスは、同じ厚さのガラスを使っています。そのため太鼓現象といって、ガラスとガラスの間の隙間によって音が増幅し、逆に音を大きくしてしまいます。

35デシベルの音をカットすると、どれくらい静かになるのでしょうか。たとえば、家の前の道路をトラックが騒々しく通ったとします。トラックの騒音は75デシベル程度。しかし、35デシベルの音が遮断されれば、室内は40デシベルの静けさを保てます。40デシベルとは、静まり返った住宅地や図書館の中と同じくらいの静けさです。

また「木学の家」では、壁や床に遮音性能の高いエコボードを使っています。そのため室内の音の反響を防ぎ、床の音や衝撃音をやわらげて、静かな居住空間に役立っています。

外からの侵入者を防ぐ――防犯性

窓やドアなどの開口部は、不審者の入り口にもなります。とくに狙われやすいのが窓。一戸建て住宅の窃盗事件の侵入手段は、57%が窓からです（平成30年中。警視庁ホームページより）。玄関ドアの施錠はしてあっても、窓は鍵のかけ忘れが多く、鍵をしてあっても、日本の窓は簡単に侵入者に開けられてしまいます。

泥棒の53％（同）は、ガラス破りです。窓ガラスの一部を割り、レバーを回して侵入してきます。アルミサッシの引き違い窓についている鍵はクレセント錠といって、もともとは窓の密閉度を高めるために付けられたものです。防犯のための鍵ではないので、簡単に開いてしまうのです。

また、ちょっと知識のある人なら、外の押し縁を外せば、ガラスを割ることなく、簡単にガラスを外せます。

ジャーマンウィンドウは、窓が開いていても、外から侵入できない仕組みになっています。「内倒し通風機能」といって、窓を内側に開閉するので、開けた状態で風は通りますが、外から人が入ることはできないのです。

また、ジャーマンウィンドウは三重ガラスの頑丈なつくりになっているので、そう簡単にガラスを割ることはできません。万が一ガラスが破られても、鍵付きの特殊レバーを採用しているので、開けることはできません。

それでも心配だという人には、防犯ＶＳＧガラスを用意してあります。これは防犯フィルムを挟み込んだ割れにくいガラスで、外からハンマーで叩いても、その衝撃に耐えられる強さがあります。

ジャーマンウィンドウ

内倒し。通風のポジション

ジャーマンウィンドウ

内開き。メンテナンスポジション

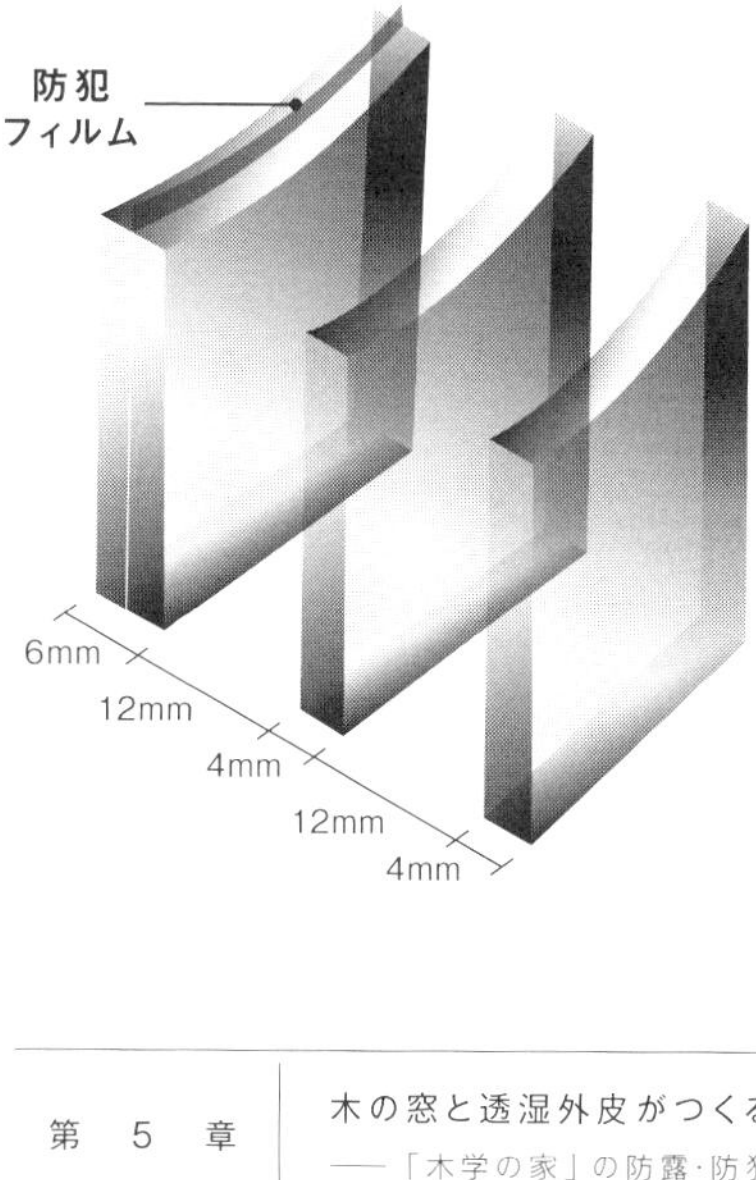

防犯 VSG ガラス

また、こじ開け防止金具も4箇所以上取り付けてあります。

このようにジャーマンウィンドウは、外からの侵入者に対して万全の対策を採っているので、夜も安心して眠れます。

燃えにくく、有毒ガスを出さない――防火性能

建築中の注文住宅が、完成を間近に放火された話を前にしました。そのとき私は、すべてを燃やし尽くしてしまう火災の恐ろしさに、立ちすくむしかありませんでした。一生の買い物である家が、一瞬のうちに失われてしまう。しかも、まわりの家も巻き込んで。火災だけは、絶対に起こしてはならないと思いました。

日本では火災件数も死者数も、人口の減少とともに年々減少傾向にありますが、それでも死者数は年間1000人をくだりません（放火自殺者を除く）。平成29年は、1146名が死亡しています（消防庁）。

死因で、火傷と並んで多いのが一酸化炭素中毒です。煙に巻かれて逃げ惑っている間に、

①

②

③

エコボードの防火性能実験。
①800~950度の炎に30分間さらした結果、
②エコボードで炎は止まり（焚き火のように見えるのは白い煙）、
③内部の構造体にまで火は到達していなかった

火ではなく、有毒ガスを吸い込んでしまうのです。多くの命が奪われた京都アニメーションの放火事件でも、一酸化炭素中毒で亡くなられた方が多かったと報道されました。

煙の中にはさまざまな有毒ガスが含まれています。とくに怖いのは、化学材から出る有毒ガスです。たとえば、ビニールクロスに使われているＰＶＣ（ポリ塩化ビニール）は一酸化炭素や塩化炭素、石油系断熱材の発泡ウレタンは一酸化炭素、青酸ガス、シアン、ＥＰＳと呼ばれるポリスチレンを原料にした断熱材は、猛毒のスチレンガスを発生させます。こうしたガスを吸い込んでしまえば、火が来なくても、死に至ってしまいます。

火災による人的被害を防ぐには、どうしたらいいのでしょうか。それには、防火性能が高く、有毒ガスを発生させない断熱材が必要です。

私たちが使っているエコボードは、まさにそういう断熱材です。耐火性にすぐれているうえに、天然木ですから有毒ガスを発生させることがありません。火災に対しても安全性の高い、理想的な断熱材なのです。

エコボードは２００４年に、防火30分という厳しい防火試験に合格し、木製繊維板断熱材として日本で初めて、国土交通省の認可を受けました。そのとき、有毒ガスを発生させることもありませんでした。試験官の皆さんは、有毒ガスが出ないことがわかり、途中から全員、マスクと防護服を外しました。

そのときの防火性能試験は、次のとおりです。なお、２０１９年には耐火60分という、さらに厳しい試験に合格しました。私たちは耐火１２０分までめざして、防火力を強化したいと思っています。

◉防火性能試験

窯にエコボードをセットし、内部に火をつけて800～950℃の炎にさらします。エコボードは30分以上炎に耐え、30分間脱落することはありませんでした。エコボードの外側につけた温度センサーは、15分後は29・5℃、30分後は31・7℃でした。その間内部は900℃の高温で燃え続けていたわけですから、熱がほとんど遮断されているのがわかります。

30分後、エコボードの表面のモルタルは焼け落ちましたが、エコボードは表面が炭化しただけで、炭化した表面を剥がすと内部はほとんど炎の影響を受けていませんでした。「こんなに火に強い断熱材は初めてだ」と、建材試験センターの職員も驚いていました。

通気層煙突火災を二度と起こさないために

私たちは放火事件をきっかけに、通気層煙突火災を二度と起こさないように、通気層をつくらない断熱工法を採用しました。もちろん、燃えやすくて有毒ガスを発生させるグラスウールやロックウール、石油系断熱材の使用も一切やめました。

燃えると有毒ガスが出る化学建材は、将来家が解体されるときも環境汚染の原因になります。しかし自然素材なら、薪と同じように燃やして処分できます。のみならず、エネルギーとして再利用することも可能です。

「木学の家」では、内装材のエコペーパー、その上に塗る植物性塗料も有毒ガスを発生させることはなく、燃えると有毒ガスを発生させる石油系・化学系内装材は使用しません。

建築材で環境に負担をかけない材料は、木のような自然素材だけです。

第6章

修復できるから長く住まえる

——「木学の家」の修復力と経済性

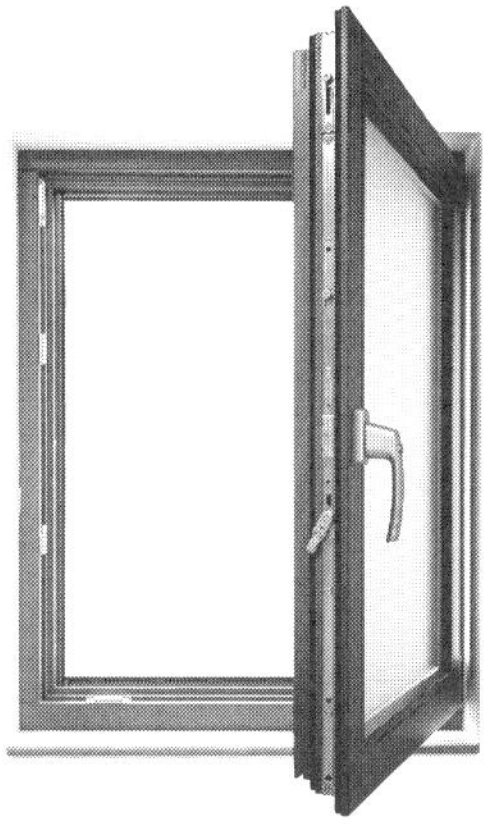

70歳になって家を失わないために

住宅は一生に一度の買い物です。住宅を建てる費用は、建坪30坪の平均的な住宅で、2000万円前後。材料や設備によっては、もっと高額になることもあります。一生のうちで、こんなに高い買い物はほかにないでしょう。

当然、購入にあたってはローンを組むことになります。最近はアパートやマンションの家賃と同じくらいの返済で買える住宅も出てきて、若い人でもマイホームに手が届きやすくなりました。

しかし、安易に購入して、あとでひどい目に遭うこともあります。最近よく聞く話が、家を買ったのに住宅難民になってしまう人がいるという話です。

たとえばいまあなたが、家賃が8万円の2LDKのマンションに親子4人で住んでいるとします。頭金なしで、同じ8万円で新築の一戸建てを買えるとしたら、どうしますか。

当然、買ったほうが得だと思うでしょう。月々の支払いが同じで、自分の家が持てるのですから。

そこで、35年ローンを組み、新築の家を購入しました。しかし、その返済中に屋根が壊れたり、外壁の耐水性がなくなったりして、大規模な補修工事が必要になったとします。その修繕に400万～500万円かかるとしたら、ローンの上に新たなローンがのってきます。それを返済できるでしょうか。

また、こんな話も聞きます。35歳で家を建てて、そのローンが終わろうとする35年後に、大規模な修理が必要になりました。いままで見てきたように、「化学の家」では持続可能な断熱・気密性能が得られず、35年もたつと断熱性能の再生・修復は難しくなります。そのとき新しく家を購入するとしたら、新たにローンを組まなければなりません。しかし70歳になってからローンを組むのは難しく、家を失うことにもなりかねません。

こういう住宅難民が、いま増えているのです。

そもそも、平均寿命が26年しかない家に、35年のローンを組むこと自体無謀な話です。こんなことにならないように、せめてローンの支払い中に壊れたりしない、耐久性のある材料で家をつくらなければなりません。ところが日本では、35年もつ瓦、35年もつ外装材、35年もつ断熱材、35年もつ内装材は、手に入りにくいのです。私の知る限り、そんなに耐久性やメンテナンス性のある建築材は見たことがありません。
高齢になって住宅難民にならないためには、最低50年以上住める家が必要です。とくに断熱・気密性能が大事です。

メンテナンスフリーのほんとうの意味

「30年間、メンテナンスフリー」「メンテナンスフリーの外壁」——こんな広告を見かけたことはないでしょうか。メンテナンスフリーとは、メンテナンスをしなくてもいい、する必要がない、ということです。もしそれがほんとうなら、こんなにけっこうな話はありません。

しかし、メンテナンスのいらない住宅など、ありません。

消耗材は、使い続ければ汚れ、機能も落ちていきます。ですから私たちは、傷んでしまう前に手入れをして、なるべくきれいな状態を保ち、長持ちさせようとします。

住宅も同じです。どんなに美しく建てられた住宅でも、強い紫外線を受け、風雨にさらされ続ければ色も褪せてきます。内装もシミや手垢がついて、汚れてきます。断熱性能や気密性能も、時間がたてば機能が落ちてきます。長く住み続けるには、そうなる前にこまめなメンテナンスが必要なのです。

ところが、これまで何度も申し上げている通り、日本の住宅はメンテナンスをしにくい。外装や内装もそうですが、決定的なのは断熱気密工法です。気密シートや気密テープ、気密発泡剤などの気密材を使っていたら、20年もたたないうちに気密性が落ちてきます。ところが、外装材や内装材の壁の中に施工してありますから、容易にメンテナンスができない。というよりも、初めからメンテナンスをしたり、取り替えたりすることは想定していないのです。ですから、住宅メーカーはメンテナンスフリーを謳っているのかもしれません。

最近はメンテナンスフリーを、「メンテナンスをなるべく先送りできる」といっている住宅もあります。メンテナンスを先送りすれば、事態はさらに悪くなっていくはずなのですが……。

メンテナンスフリーのほんとうの意味は、メンテナンスが不必要でもなければ、先送りするのでもありません。「メンテナンスが自由にできる」と考えるべきです。

メンテナンスしなくてもいい家などないのですから、メンテナンスの方法があらかじめ考えられている工法の住まいを購入しなければ、購入者にとっては高い買い物になりますし、環境にも負担を残してしまいます。

メンテナンスができれば家は長持ちする

「木学の家」は、メンテナンスをしながら長く住まうことを基本的なコンセプトにしています。そのために、メンテナンスをしやすい家づくりを行っています。家を長持ちさせるために、メンテナンス性能は欠かせないものなのです。

「木学の家」が備えているのは、次のようなメンテナンス性能です。

まず、塗り替える性能です。私はずっと、塗り替えることにこだわってきました。欧米では、家は塗り替えて住むのが当たり前です。しかも、日本のように業者任せではなく、自分たちで塗り替えます。子どもの頃、父親が家の外壁を自分でペイントしている姿を、映画やテレビドラマで見たことがあります。そうやって自分で手入れしているから、家への愛着もわくのです。

汚れた外壁や内壁は、塗り替えるだけで新品のようにきれいになり、長持ちします。日本にも、昔は塗り直す文化がありました。漆喰や土塀は、塗り直して長く使ったものです。しかし戦後になって、その文化はすっかり失われました。外壁は化学系のサイディングに変わり、汚れても簡単に塗り替えられなくなりました。内装もビニールクロスが汚れたら全部貼り替えられて、貼り替えられたものは大量のゴミになります。

私たちが内装に使っているエコペーパーは、上から何度も塗り直しができます。だいたい10年に1度塗り替えをして、7回くらいは同じペーパーで対応できますから、70年は使えるということです。壁は手あかがつきやすいところですが、多少手あかで汚れても、その部分だけ塗り直せば非常に経済的です。

また、床は無垢の床材を使っており、この床は一年間に0・04㎜減るというデータが出ています。単純計算すると、100年間で4㎜減ることになります。4㎜というと、さすがにデコボコができて、張り替えが必要になります。

「木学の家」は、外装に「モルタル直塗りシステム」を採用しています。壁用のエコボードは直接モルタルを塗ることができ、複雑な気密工事をする必要がありません。ですから、

傷んだ部分をカット

カットした部分の周囲のモルタルを落とす

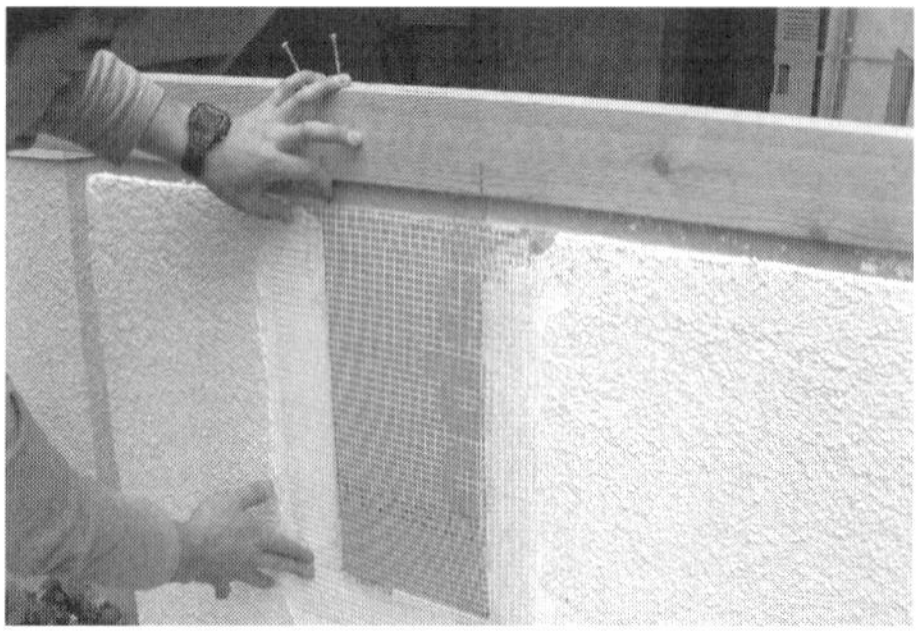

カットした部分の周囲のネットに重ね合わせる

メンテナンスがしやすい、即ち修復再生力が高い自然素材エコボード

外装の一部が劣化しても、その部分だけエコボードを張り替えて、上からモルタルを塗れば簡単に修復できるのです。

エコボードなら隙間なく施工できるので、部分的に取り替えても、断熱性能や気密性能が落ちることはありません。

メンテナンスしやすい自然素材の家は、長く住むほど味わいが出てきます。それがまた、家を大切に思う気持ちを育んで、家を長持ちさせるのではないでしょうか。

コストパフォーマンスの良い家とは……

しかし、ほとんどの人は家を買うときに、その家がどれくらい長持ちするかなど、考えたりはしないでしょう。住宅は一生の買い物だから、一生もつもの。理由もなく、そう思い込んでいるふしもあります。

住宅のコストについても、買うときのコストは慎重に検討するものの、その後のメンテナンスや修繕費まで考える人は少ないのではないでしょうか。

家づくりで大切なのは、コストパフォーマンスだと思います。コストパフォーマンスの良い家とは、いうまでもありませんが、安く建てられる家ではありません。建てた値段以上に、住んで満足感の高い家です。それは住んでみなければわからないかもしれませんが、これだけは言えます。長もちする家は、コストパフォーマンスが良い。これは、間違いありません。

たとえば、日本の家が2000万円、ドイツの家が3200万円で建つとしましょう。どちらも建坪が40坪だとすると、坪単価では50万円と80万円。ドイツの家のほうが圧倒的に高額です。しかし家の平均寿命を考えると、26年しかもたない日本の家は年間77万円もかかるのに、79年もつドイツの家は年間40万円しかかかりません。

どちらが得かは、明白です。メンテナンスしながら長く住まい続ければ、購入金額は高くても結局は安くつくのです。それに対して26年しかもたない家は、ローンの返済が終わる頃にはあちこち不具合が出てきて、建て替えやリフォームが必要になって新たな出費を余儀なくされます。売りたくても資産価値はなくなっており、結果として、とても高い買い物になってしまうのです。

ですから、購入時の金額だけで、高いか安いかはいえないのです。

また、ランニングコストも考慮しなければなりません。断熱性能の高い家は、光熱費を安く抑えることができます。たとえば冬の「木学の家」のゼロ冷暖の暖房費。全館24時間暖房で月に約8500円です。参考までに、ある住宅の全館空調の1月の電気代は、約16000円でした。もちろん、住宅の広さ、空調の使い方、含まれる電気代などが違うので単純比較はできませんが、一つの目安にはなると思います。もし、全館空調ではなく、一部屋一部屋にエアコンをつけて稼働させたら、もっと高額になるかもしれません。

2020年をめどに、国は新築の戸建て住宅の50％以上を「ZEH（ゼロ・エネルギー・ハウス）」にする目標を掲げています。ZEHは、自宅で消費するエネルギーを、自宅で創ったエネルギーでまかない、エネルギー収支をゼロ以上にするという住宅です。それを達成させるためには、住宅に高い断熱性能が求められるといっています。

省エネを極める。それは、住宅のコストパフォーマンスを高めるだけでなく、住宅の価値を上げることにもつながります。

省エネ性能の高い「木学の家」

住宅自体に高い断熱性能が求められると、最近国は言っていますが、まさにこのことこそ、私たちが追求してきた高断熱・高気密の家です。その性能の評価を測る基準がありま す。「住宅の省エネルギー基準」です。1979年に制定された省エネ法(エネルギーの使用の合理化に関する法律)に対応して建築主に告示されるもので、住宅の断熱や気密、冷暖房に関する基準などが細かく定められています。

1980年に初めて出されたこの基準は、1992年に一度改正され、さらに99年には、「二一世紀の住まいづくり」に照準を合わせて全面的な改正が行われました。この99年に行われた改正を、「次世代省エネルギー基準(平成11年基準)」といいます。

さらにその後、2013年に省エネ法が改正されたのにともなって、「次世代省エネ基準(平成25年基準)」が設けられました。この省エネ基準の評価の対象になるのが、住宅の「年間暖冷房エネルギー負荷」です。これは、年間暖房負荷と年間冷房負荷を合計したもので、年間暖房負荷は寒い時期に室温を18℃以上に維持するために必要なエネルギーの量、年間冷房負荷は暑い時期に27℃以下に維持するために必要なエネルギー量のことです。つまり、一年を通して快適に住まえる温度を24時間維持するために、どれくらいの暖房・冷房エネルギーを使うか、ということです。

私たちがつくった「木学の家」の年間暖冷房エネルギー負荷を専門機関に計算してもらったところ、2万6048MJ／年でした。MJ（メガジュール）はエネルギーや熱量の単位です。

この年間暖冷房エネルギー負荷を建坪面積で割った数値によって、その住宅の省エネルギーレベルが評価されます。その評価基準は、全国を気候条件などによって8地域（11年基準は6地域）に分けて、地域ごとに出されています。

私の会社のある埼玉県はⅣ地域ですが、Ⅳ地域の1㎡あたりの年間暖冷房エネルギー負荷は、460MJ／㎡・年以下です。それに対して「木学の家」は142MJ／㎡・年。基準値の3分の1以下です。もちろん、この数値は小さければ小さいほど、省エネルギー性能がすぐれた住宅ということになります。

この性能の評価対象は、冷暖房機器ではなく、構造躯体の断熱・気密措置など、住宅本体が持つ省エネルギー性能です。

142MJ／㎡・年という省エネ性能を実感していただくために、冷暖房費に換算してみました。あくまでも計算上ですが、電力単価21円／kWhで計算すると、年間の冷暖房費は3万7987円。月々3165円しかかかりません。

この、年間暖冷房エネルギー負荷の数値からも、「木学の家」がいかに環境に負荷をかけないか、わかっていただけると思います。大事なことは、何かを使ったり、設備投資をしたりして省エネをするのではなく、その家の持つ断熱性能で省エネすることです。そして、これらの性能がメンテナンスによって長持ちすることです。

これこそ、地球にやさしい本物のエコロジーだと思います。

忘れていないか、製造・廃棄時のエネルギーコスト

省エネを考えるとき、住んでからのエネルギーコストを考えるだけでなく、製品を製造する過程で使われるエネルギーコストも考えなければなりません。それを含めた上でエネ

ルギーコストを考えなければ、ほんとうの省エネ性能ではありません。

たとえば、窓を一つ製造するのに、どれくらいのエネルギーが費やされるでしょうか。木の窓ジャーマンウィンドウとアルミサッシ窓の製造エネルギーを比較してみました。11・2kgの質量の窓をつくる場合、木製では35・7MJですが、アルミサッシは482MJもかかります。つまり木の窓の135倍のエネルギーを使って、アルミサッシは製造されているのです。MJ（メガジュール）とは、エネルギー、熱量、電力量などの単位のことで、1メガジュールは0・2778キロワットになります

アルミサッシに限らず、化学系の建築部材は、製造に多額のエネルギーコストがかかります。とくに石油系断熱材は膨大なエネルギーを必要とし、危険な化学物質も使用されています。たとえば石油系ボードの製造には、「ホスゲン」という神経ガスが使われているものがあります。

また一般的に言えるのは、製造にエネルギーコストがかかるものは、廃棄するときもエネルギーコストがかかる、ということです。化学材は製造するときも廃棄するときも、膨大なエネルギーがかかることを忘れてはなりません。それに生活エネルギーコストを加えた三つのエルネギーコストで、住宅の省エネ性能は決まります。

こうしたことは、本来は私たち建築業に携わる側が考える問題です。私たちは、製造されるときのエネルギーや、使われる化学物質のことまで考えて建築材料を吟味しなければならないと、あらためて思っています。

本物のエコを考える

ドイツに関わりを持つようになって、「ほんとうのエコロジーとは何か」ということをよく考えるようになりました。エコロジーを謳っていても、ほんとうに地球や環境に負荷をかけていないかどうかは、なかなか見えないものです。

たとえば、エコカー。世界中の環境意識が高まって、新しいエコカーが次々に開発されています。日本でエコカーの先陣を切ったハイブリッドカーは、ガソリン車より燃費がよいとされ、少ないエネルギーで走行できます。ところが、先ほど申し上げた製造エネルギーは、エンジン車よりはるかにかかるようです。ハイブリッド車が製造時に要したエネルギーを償却するには、何十万キロも余分に走らなければならないといわれています。

しかも、ハイブリッド車には大量のレアメタルが使われています。それを廃棄するときにも、大量のエネルギーが消費されるのです。

つくるときも捨てるときも大量のエネルギーを消費するなら、とてもエコカーとはいえません。電気自動車や、他のエコカーの製造エネルギーがどうなのかはわかりませんが、私たちは安易に「エコ」の言葉に踊らされてはならないと思います。

ちなみにドイツで、「いちばんのエコカーはポルシェだ」という面白い話を聞きました。70年の歴史をもつこの自動車メーカーは、現在はフォルクスワーゲンの傘下に入りましたが、50年前に生産された車がいまだに登録され、現役の車として走っているそうです。50年前のポルシェは、燃費は確かに悪いでしょうが、それに余りある製造・廃棄エネルギーの節約をしているのです。

50万キロの走行距離をターゲットに製造するドイツ車と、10万キロをターゲットに製造する日本車。ここにも、環境保護に対する日本とドイツの意識の違いを垣間見ることができます。

製造時のエネルギー、使用時のエネルギー、廃棄時のエネルギーを考えたモノづくり――それこそが本物のエコ建築であると思います。これも、ドイツから教えられたことでした。

エコロジーのエコは、エコノミーのエコに繋がります。地球環境を考えたものは、結局は安くつくはずです。

第7章

未来の子どもたちに残したいもの、残してはいけないもの

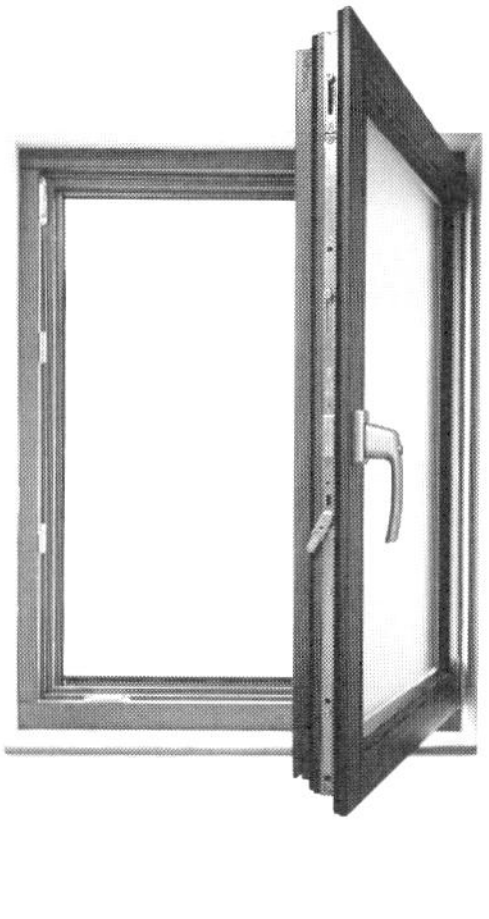

解体された家は大量のゴミになり、地球を汚染する

人口が右肩下がりに減っている日本では、住み手を失った空き家があちこちに点在しています。その一方で、戸建て住宅や高層マンションが次々に建てられています。日本では、家は数十年で解体され、建て替えられていきます。いま、新築で建てられた家も、数十年後には壊される。先進国で、こんなに早いサイクルで家を建て替える国はほかにないでしょう。

壊された家は、大量のゴミになります。日本で1年間に解体される家の数は、約35万棟。床面積が30坪という平均的な木造家屋なら約40トン、解体時には4トントラック10台分のゴミが出ます。家の解体で出る1年間のゴミの量は、単純計算で1400万トンにものぼるのです。

家からゴミが出るのは、解体されるときばかりではありません。家を建てるときにも出ます。工場から運ばれた建材を必要なサイズに合わせてカットすると、その使えない端材

が大量のゴミになります。

家が毎年35万戸壊されるということは、それ以上の新築住宅が建っているということです。実際に２０１８（平成30）年には、95万戸（うち木造住宅は54万戸）が新築着工されました。これは、年間20万戸前後のドイツの、４・75倍。建てる家が多ければ、それだけゴミも多くなります。

こうして出たゴミは、どう処理されるのでしょうか。方法は、二つあります。焼却施設で燃やされるか、産業廃棄物として地中に埋められるか、です。安全に燃やしてしまえば、燃やしたものは灰になるだけですから、何も問題はありません。しかし、燃やして有毒ガスが出るようなものは燃やせません。そこで、地中に埋められます。

これまで見てきたように、日本の住宅は化学材でつくられており、大量の化学物質が使われています。内装材、外装材などの建材は接着剤で貼り合わされ、表面に石油系塗料が塗られています。断熱材に使われているグラスウールにも、大量の接着剤が使われていますす。さらに石油系断熱材の発砲ポリウレタン、塩ビでできたビニールクロスやクッションフロア、雨樋……いずれも、燃やすと有毒ガスやダイオキシンが発生します。

ダイオキシンの汚染問題が起きて焼却炉が改善され、以前より精度の高いゴミ処理ができるようになりました。しかしそれでも、有毒ガスを発生させる建築材はたくさんあります。

一方、燃やせないもの、燃えないものは、地中に埋められます。しかし、地中に埋めたから安心というわけではありません。ゴミに含まれる有毒物質が染み出て、土や地下水を汚染する恐れがあります。地下水が汚染されれば、川から海に流れ出て、海が汚染され、海の生き物が被害を受けます。また土壌が汚染されれば、農作物に影響します。それらがやがて人の口に入り、人の体を汚染することになるのです。

日本のゴミの最終処分場は、あと20年で満杯になるそうです（環境省平成28年度）。私たちはもうこれ以上、燃やせないゴミを出してはいけないのです。

ゴミへの取り組みをどうするのか

ゴミ問題は、世界のどこの国でも深刻です。途上国では、不法投棄されたゴミの山に人が群れ、有価物を拾い集めて生活の糧にしています。しかし、ゴミの山がそこに住む人た

ジュゴンも、海洋投棄されたプラゴミの脅威にさらされている（写真・PIXTA）

ちの健康を害し、環境を汚染しているのは間違いありません。

そして、いま問題になっているプラスチックゴミ――。プラスチックはもともと自然界にないもので、自然に分解されることはありません。最終的には１㎜以下（５㎜以下という説もあり）のマイクロプラスチックになって海にたまり、そこに住む生き物に取り込まれていきます。

このマイクロプラスチックには、有害な化学物質が含まれているという指摘もあり、それが海の生物や、海の生物を食べた私たちにどのような影響を及ぼすのか、わかっていません。いま、せめて私たちにできることは、プラスチックや化学材のゴミをなるべく出さないことです。

ドイツが、その一つの方向性を示しています。私たちはドイツを訪れたとき、ゴミの回収や再生がどのように行われているか、つぶさに見てきました。

ドイツでは1994年に、「循環経済・廃棄物法」という法律が制定されました。日本同様、ドイツも資源の少ない国です。その少ない資源をいかに効率的に利用して、豊かさや便利さを追求していくか。そのためには、ゴミも有効な資源になるのです。

ドイツでは使い捨てのペットボトルとともに、何度もくり返し使えるガラス瓶がよく利用されています。また、その回収率を高めるために、徹底したデポジット制度を行っています。

私たちが驚いたのは、ゴミのリサイクル事業者が、ゴミの収集・選別から再生まで、システマティックにゴミのリサイクルを行っていることです。その一つが、DSDシステムと呼ばれるものです。これは、リサイクルできる商品にDSD社が緑のマークをつけ、企業からその使用料を徴収して、ゴミの収集、選別、再生の資金にするシステムです。企業は、つくったものがゴミになって収集、選別、再生されるまで責任を持つという考え方が、ドイツにはあるのです。

こうしたゴミへの取り組みは、住宅に対する考え方にも通底するものです。「国は未来の世代に対する責任という面においても、生活基盤としての自然を保護する」という条文が、「循環経済・廃棄物法」に採用されています。地球と未来に対して、どう向き合っていくか。住まい方だけでなく、環境保護についても、ドイツには見習うべきものが多いと思います。

過去の負の遺産は未来に続く

プラスチックや化学材による健康被害は、すぐに現れるわけではありません。有害物質は少しずつ体内に蓄積され、忘れた頃、症状として出てきます。私たちがその教訓とすべきは、アスベストの健康被害でしょう。アスベストが盛んに使われていたのは1970年代から1990年代にかけてですが、アスベストによる死亡者はいまも増え続けています。アスベストともっとも因果関係が強いといわれる悪性中皮腫で亡くなった方は、2017年には1555人に達しています。肺がんなどを含めると、この数は何倍にもなるでしょう。

このアスベスト問題でも、日本の対応の遅さが問題になりました。アスベストの健康被害が世界的に問題になったのは、１９７０年代からです。日本でも75年から、段階的に吹き付けアスベストが禁止になりました。ヨーロッパでは72年頃から、アスベストの中でも発ガン性の高いクロシドライト（青石綿）の輸入が禁止され、80年代にはヨーロッパの多くの国で、すべてのアスベストの輸入、製造、吹き付け作業が禁止されました。86年には、国際労働機関（ＩＬＯ）の呼びかけで先進国が集まり、「石綿の利用における安全に関する条約」が批准されました。アスベストの危険から労働者を守るための条約で、クロシドライトの使用の禁止や、吹き付け作業の禁止が盛り込まれています。

しかし日本は、これを批准しませんでした。

日本がようやく禁止に踏み切ったのは、１９９５年のことです。しかしまだ、クリソタイル（白石綿）など、一部のアスベストは使用されていました。全面禁止になったのは２００４年で、その翌年、ようやく日本もＩＬＯの「石綿の利用における安全に関する条約」に批准したのです。

欧米に遅れること、20年。その間にも、アスベストを使った建築物は次々に建てられていました。

日本はアスベストを海外からの輸入に頼っており、輸入されたアスベストの8〜9割は建築用です。スレート瓦、外装材、内装材、床材、天井材、間仕切りなど、建築部材の幅広い用途に使われていました。

住宅を解体するとき、アスベストを使用しているこれらの建築部材を壊すと細かい粉塵になり、空気中に大量に飛散します。それを吸い込むと、肺の中に繊維が滞留して肺を傷つけたり、肺が繊維化したりして、肺がんや悪性中皮腫（胸膜や腹膜に発生する悪性腫瘍）、塵肺（石綿肺）、石綿胸水などが発症します。悪性中皮腫は、肺がんに比べると患者数はきわめて少ないですが、そのほとんどがアスベストの暴露歴のある人で、アスベストと非常に関係の深い疾患です。これらの疾患は、20年〜30年の期間を経たのちに出てきます。

アスベストによる健康被害は、仕事でアスベストを扱っている人だけでなく、一般の人にも及びます。しかも、少量や短期間の吸い込みでも健康被害を受ける恐れがあるので、決して「自分には関係のない問題」ではないのです。

日本でアスベストの使用が禁止された2004年以降、新築の建物にアスベストは使われなくなりました。ただし、全く使われなくなったわけではありません。使用が禁止されているのは、0・1%を超えてアスベストを含むものだけ。それ以下なら、法律違反にならないのです。

いずれにしても、2004年以前に建てられた住宅には、大量にアスベストが使われています。とくに1995年以前は、発がん性の強いクロシドライトも使われていました。

住宅や建物の耐用年数を考えると、これからそれらの住宅や建物の解体が次々に行われるでしょう。そのピークは2020〜30年頃だと見られており、まさにこれからピークを迎えることになります。吸い込んだアスベストの健康被害が出るのは、それよりさらに数十年後ですから、アスベストの問題は過去の話ではなく、未来まで引きずる問題なのです。

そういう状況で怖いのは、周辺住民が何も知らされないまま、解体工事が行われることです。いま解体されている建物は、ほとんどアスベストを使用していると思ってください。アスベストを除去してあればいいのですが、何も対策を採っていなければ、周辺住民は知らないうちにアスベストを吸ってしまうことになります。

石綿繊維も有毒ガスも、目に見えるものではありません。だからこそ、未来に負担を残さない家づくりを、あらかじめ考えなければなりません。

リサイクルの嘘

ゴミを減らしたり、資源を有効活用したりするために、先進国ではゴミのリサイクルに力を入れています。日本では、人口の減少とともに年々ゴミの排出量は減っていますが、ゴミのリサイクル率は平成19年からほぼ横ばいで、平成28年度は20・3％でした（環境省）。リサイクルが進んでいるヨーロッパに比べると、決して高い数字とはいえません。

ゴミがリサイクルされて再利用されれば、これほどいいことはないのですが、手放しでは喜べない現実もあります。

ゴミのリサイクルといっても、捨てたゴミが同じものに再生されるわけではありません。リサイクルの方法には3種類あって、たとえばプラスチックゴミなら、分解されてプラスチックに再生される「マテリアル・リサイクル」、化学的に分解されて別の化学原料になる「ケミカル・リサイクル」、焼却時に発生した熱を回収してエネルギーとして利用する「サーマル・リサイクル」があります。日本でいちばん多く行われているのは3番目、サーマル・リサイクルです。

これがリサイクルといえるかどうかわかりませんが、日本でサーマル・リサイクルが多いのは、焼却炉の技術が進んでいることや、経費がかからないことなどが挙げられます。マテリアル・リサイクルも、ケミカル・リサイクルも、リサイクルのために人手と施設が必要で、そのための費用とエネルギーが膨大にかかります。

また、プラスチックゴミの一部は、中国や東南アジアに輸出されています。中国ではこのプラスチックゴミを粉砕してペレットという小さな粒にし、自動車部品や電子機器などに再利用しています。しかし、世界中から集まってくるゴミが環境を汚染することが問題になり、とうとう中国はプラスチックゴミの輸入を禁止しました。

行き場を失ったゴミは、今度は東南アジアの国々に流れるようになりました。しかし、ゴミ処理のインフラが整っていない東南アジアでは、さらなる環境汚染が広がっています。そのため、受け入れを拒否する国も出てきました。

ゴミのリサイクルは必要なことだし、素晴らしいことです。しかし、リサイクルという名の陰に、さまざまな嘘が隠されています。リサイクル製品をつくっても、膨大なエネルギーが使われて環境に負担をかけているようなら、決して環境保護にはなりません。まして、リサイクルされた素材が将来安全に処理できないものなら、いつかは地球環境を汚染することになります。リサイクルは、その処分の日を永らえているにすぎないのです。海を汚すマイクロプラスチックと同じように、自然分解されない有害物質は、半永久的に地球に留まり続け、蓄積されます。こうしたリサイクルの限界から、私たちは目を背けてはなりません。

木だけが「循環・再生」するエネルギー

リサイクルが、環境に配慮したほんとうの意味でのリサイクルになるには、リサイクルを終えたとき、その材料が未来の環境に負担を残さず処分できることが条件になります。しかしそれは、プラスチックや化学材では不可能です。自然素材のものしか、その条件に合うものはありません。

リサイクルには「循環する」、「回る」という意味があります。木は、自然素材の中で、数少ない「循環・再生」するエネルギーです。

「森林が地球の温暖化を救う」というような話を聞いたことがあります。これは木が、温暖化の原因とされる二酸化炭素を吸収するからです。木は、大気中の二酸化炭素を吸収し、光合成を行って、水と二酸化炭素から酸素と炭素をつくります。酸素は外に放出されますが、有機体である炭素は木の中に蓄えられます。木は、二酸化炭素を炭素に固定化することによって、成長しているのです。

しかし、木の成長がほぼ終わり、ある程度炭素が固定化されると、二酸化炭素は吸収されなくなります。したがって、成長した木が温暖化防止に寄与することはありません。

日本では昔から、間伐によって森を育ててきました。成長して勢いのなくなった木を伐採して、残った木を元気にするのです。「木学の家」は、こうした間伐材を利用することによって、森を再生し、温暖化を緩やかにすることができます。

それだけではありません。炭素を木の中に閉じ込めることで、二酸化炭素の排出を防ぎます。ですから、なるべく木の商品を長く利用して、燃やさない。そのためには、木の家に長く住まい続けることが大事です。

家としての役目を終えた木は、朽ちれば土に還り、燃やせば灰（ミネラル）になって土壌を豊かにします。燃やしたエネルギーは、再利用できます。木の家は解体されたあとも、自然の循環を壊さず、ゴミを最小限に抑えて、地球環境を損なうことはありません。木は環境を保護する最高の自然素材であると、私たちは思っています。

美しい地球は人がつくるもの

自然素材の家は、美しい自然とよく溶け合います。そして美しい景観は、そう簡単に壊されることはありません。1994年、初めてスウェーデンを訪れ、ストックホルムの街を一望できる丘に立ったとき、私はこう思いました。

「美しい環境は偶然に残るものではない。人間の手によって残されるものだ」と。

眼下に広がるストックホルムの街並みは、自然と溶け合ったじつに美しい景観でした。

美しい環境は、美しいから残される。しかし美しさを感じられない環境は、人の手によって簡単に壊されてしまう。日本の住宅がなぜ短命なのか、このときはっきりわかりました。美しくないからです。

その4年後、イギリスのコッツウォルズ地方を訪ねたときも、同じような感慨にとらわ

イギリスの田舎に残る伝統的な街並み
（コッツウォルズ地方）

れました。

　コッツウォルズ地方は、イングランドの伝統的な田舎の風景が残る、美しい丘陵地帯です。その丘陵の中にいくつもの村が続き、築100年以上の石造りの家がひっそりと佇んでいます。私たちが訪れた村も、水鳥の遊ぶきれいな川が村の中心を流れ、そのまわりにライムストーンの古い家が建ち並ぶ美しい村でした。年月を経て、長い歴史が刻み込まれたその家々の経年美に、私たちは圧倒されました。

　イギリスは、ヨーロッパの中でもとりわけ建物や街並みが美しいといわれています。イギリスの住宅は厳しい規制のもとで管理されており、個人が勝手にリフォームしたり、建て替えたりすることは許されないからです。美しい景観は、このように人々が意志を持って守らなければ、残らないのです。

美しい景観をいつまでも残すために、私たちは美しい家を建てなければならない。美しい家とは、日本の住宅のように、化学建材で建てられた、一見瀟洒な家ではありません。年を経るほどに美しく磨かれていく、自然素材の家なのです。

地球は未来からの預かり物

家は、いずれ壊されます。それが26年後なのか50年後なのか、それとも100年後なのかは、わかりません。しかし、どんなに長持ちする家でも、必ず壊されます。そして、大量のゴミになります。もし、安全に処理できない材料を使って家をつくっていたら、将来それを解体するとき、何が起きるでしょうか。

もう、私たちは体験しています。アスベストの粉塵が解体業者の健康を損ね、何の関わりもない周辺住民にも健康被害を及ぼすことを。しかも、その健康被害が、何十年も先まで続くことを。

私たちは、同じ過ちをくり返してはなりません。

家を建て、そこに住んでいる間はいいかもしれません。でも、必ずそれがゴミになることを忘れてはなりません。いま生きている私たちが影響を受けなくても、あなたの子どもや、その子どもたちが、予測できない被害をこうむるかもしれないのです。

私たちには、いまの自分たちの都合のために、未来の地球を汚したり、生態系を狂わせたりする権利を与えられていません。地球は私たちだけのものではなく、それは後世からの預かりものです。

私たちは、長い地球の歴史から見たら、ほんの一瞬だけ、地球に間借りさせてもらっているにすぎません。ですから、なるべくきれいな環境のまま、後世に残し、未来の子どもたちに手渡したい。それが、いまを生きる私たち大人の責任です。

長寿命住宅には、建基法の変化に対応できる断熱工法

この章ではエコボードの環境力について述べてきましたが、最後に、まとめの意味も込

め、重ねて訴えておきたいことがあります。

２０２０年、民法の大改正と同様に、建築基準法も省エネ基準が制定され、改正される予定でした。しかし残念ながら、建築基準法の改正は延期となり、先進国ではただ一国、建築基準法に省エネ基準がないという状態が継続されることとなりました。

しかし近い将来、日本も必ず省エネ基準は建築基準法で規定され、断熱性能、気密性能、防露性能を遵守した建物の施工が要求されるようになります。そして、そのときにこそ重要になるのが、ドイツと同様に、省エネ基準は進化していくということです。

２０２０年、ドイツでも建築基準法に大きな変革があります。家づくりに求められる断熱基準が、20％以上あがるということです。

ドイツの従来の基準であれば、エコボードの厚みで換算すると、外張り断熱だけで考えた場合でも、24㎝ほどあれば基準に適合した住宅が建てられました。しかし２０２０年には、36㎝の厚みのもので施工しなければ、建築基準法で許可されないことになります。しかもこの基準は、２０５０年までにすべての住宅に適用されることになっています。

これがドイツの「ゼロエネ・ハウス」を目指した政策の一部です。

現在、日本で経産省が主体となり進められている「ゼロエネ・ハウス」は、このドイツ

厚さ24cmのエコボードに12cmのエコボードが貼り増しされている

の政策を100%参考にしたものです。そして、日本における2050年までの「ゼロエネ・ロードマップ」もドイツの政策を意識したものになっています。

つまり、ドイツの断熱基準が2014年、2016年、2020年と変化をし、成長しているように、日本の省エネ基準も将来必ず進化していくことになるということです。

したがって、長く住み続けるためには、省エネ基準の変化にともなって進化できる断熱工法で、あらかじめ家づくりをしておく必要があるということなのです。即ち、断熱材を貼り増しできることが重要であると同時に、外壁に断熱材が貼り増しされて窓の出幅よりも外壁が厚くなったとしても、雨仕舞いが可能な施工方法を、あらかじめ採用しておく必要があるということでもあります。

私たちの提案する「木学の家」は、それらのことをすでに想定した住まいです。断熱基準の変化にも対応可能な、進化のできる高断熱高気密住宅「木学の家」――。日本の家づくりをより快適で安全なものに変えるために、誕生いたしました。

◎日本・ドイツにおける断熱工法をめぐる動き

・１９６１年

ドイツで、グラスウールと気密シートによる高断熱高気密住宅の建設がスタート。非透湿外皮による断熱気密工法のため、水蒸気の壁内への侵入を止めて、結露を防止する工法が始まる。現在、日本が行っている工法と同じ。

・１９７７年

これまでの15年間、化学材による非透湿外皮の高断熱高気密住宅がつくられてきたが、研究や実践において壁内結露を防止することはできず、ドイツでは水蒸気の侵入を止めて結露の発生を防止する工法は禁止となる。水蒸気の移動を止めない工法が制定され、透湿外皮が義務となる。呼吸する外皮がスタンダードとなり、呼吸しない外皮は禁止となる。

・1989年

ドイツでは、いちはやく公共建物における塩ビ製建築材の使用が制限される。

・1991年

ドイツで「パッシブハウス」が誕生。パッシブハウス研究所により透湿外皮による高い省エネ性能をもつ住宅が完成。日本においても「パッシブハウス」と称する住宅が宣伝されているが、ドイツとは異なり、グラスウールや気密シートが使用された非透湿外皮の家で、工法も違う。ドイツでは建築不可能なパッシブハウスが、日本では建築されている。

・1993年

ドイツで、アスベストの使用が全面的に禁止される。ちなみに、1980年代にアスベスト全廃を目指して開かれた世界会議で、日本は反対の立場をとった。

・1995年

ドイツで、グラスウールの発がん性が認定され、使用・製造が禁止される。

・1997年

IARC（国際がん研究所）が、ダイオキシンを発がん性物質であると認定。

・2000年
ドイツにおける動物実験で、ロックウールに発がん性が確認される。

・2002年
ドイツで、エコボードと出合う。

・2004年
日本仕様のエコボードが防火実験に合格。日本で初めて木製繊維板の断熱材が国土交通省の認定を取得し、優れた断熱材であることが証明される。

・2005年
日本でもアスベストの発がん性が認定される。

・2011年
日本の大手窓メーカーによるアルミサッシの耐火偽装（耐火性能不足）が発覚、大手メーカーすべての防火窓が不適合となる。

・2011年
ドイツで、脱原発法が成立。2022年に、17基あるすべての原発の閉鎖が決定される。

・2012年

ドイツメーカーの本社を訪問した際、断熱改修の現場を目にする。築70年の建物を新しい法律に適合させるために断熱改修を行い、断熱材を外部に貼り増ししていた。

・2018年3月

日本の大手化学メーカーがG社を訪問。持続可能な断熱材による工法を視察、現在販売している断熱材に持続可能な性能がないことが明らかになる。

・2019年

エコボードの新たな防火実験により　耐火60分に合格。日本初を更新。

・2019年

EUでは、フタル酸を使用禁止物質に指定。

・2019年

日本でも建築基準法に断熱性能の基準が加わる予定だったが、延期となる。

・2020年

日本において、民法の大改正が予定されている。

おわりに

『木学の家——脱プラスチック・脱化学材の住まい』を最後までお読みいただき、ありがとうございました。

本書でお伝えした「木学の家」は、修復再生可能な、高断熱高気密工法により省エネ性能、防露性能を実現させた住まいであり、唯一長い年月、結露によって住まいを傷めることなく、省エネルギー性能を持続できる住まいとして誕生しました。

さらに、木の窓と木の断熱材でつくる「木学の家」の外皮は、人間の皮膚と同様に透湿性があり、家を蒸らしません。そして、断熱気密力による省エネ性はもちろん、遮音性、遮熱性、蓄熱性、防火性にも優れ、化学系外皮では決して実現することのできない性能を持った住まいです。

冒頭の「はじめに」や本文でも触れた通り、２０２０年に民法が大改正されます。それによって、契約書に記載した断熱性能を20年間維持できる断熱工法で家づくりを行うことが義務となります。20年間、家の断熱性能を持続できなければ、お客様の住まいの資産価値が低下することになり、また建設会社にとっても約束を守れず、信用が低下することになります。

断熱性能を20年間保証するということは、断熱材が傷んだり、性能が低下したりした際、交換することや性能の復元ができなければならないということです。

また、断熱材に隙間ができれば当然断熱性能が低下するため、気密工法も持続できなければなりません。化学系の気密材が劣化した際、その交換や復元ができなければ、断熱性能を20年間保証できないことにつながります。

そして、気密性能が維持できず隙間が発生すれば、断熱性能は低下し結露が発生します。結露の発生は腐朽菌やカビ、ダニの発生にもつながり、構造体の腐れにまで影響します。

結露を発生させないために、省エネルギーを持続させるために、再生修復可能な断熱気密工法がいま要求されており、「木学の家」がそれを実現させました。

これまでの化学系の気密材を使用し、気密材が劣化しても修復が不可能な「化学の家」では決して実現することのできなかった、性能と責任を実現した「木学の家」――「木学の家」は、それぞれの地域の環境建築人、そしてお客様のご決断によって誕生したという事実に、あらためて感謝をさせていただきたいと思います。

環境と未来に生きる子供たちのために、いま私たちにできること。

２０１９年秋

環境建築人・代表　松岡浩正

著者プロフィール

松岡浩正　まつおか・ひろまさ

環境建築人代表

1986年、ECOHOUSE株式会社を起業。1990年には、長命住宅を目指した高断熱高気密住宅に取り組む。長命住宅をつくるためにも、企業自体が長命である必要があるとの考えからISO9001を認証取得、これを機にISO認証のコンサルティングも行う。

1986年より取り組んでいた建設業を管理運営するためのソフトウェアを完成。建設業経営管理システム、通称Nシステムの運用を開始。年間48棟の着工体制を築く。

1999年、脱化学材に取り組んだ「ECOHOUSE住宅展示場」を完成。家づくりに使用しない化学材を明確に定め、大きな反響を呼ぶ。2004年、念願であった断熱材についても脱化学材を達成し、ECOHOUSEに磨きをかける。

2014年ごろより、日本全国への環境断熱ECOボードの普及活動を開始、現在に至る。

著書に『世界基準の家づくり』（現代書林）がある。

http://kigakunoie.jp/

http://www.germanhouse.co.jp/

木《き》学《がく》の家《いえ》

2019年 12月17日　初版第1刷

著　者────────松岡浩正《まつおかひろまさ》
発行者────────坂本桂一
発行所────────現代書林
〒162-0053　東京都新宿区原町3-61　桂ビル
TEL／代表　03(3205)8384
振替00140-7-42905
http://www.gendaishorin.co.jp/

印刷・製本　広研印刷㈱
乱丁・落丁本はお取り替えいたします。
定価はカバーに表示してあります。

ISBN978-4-7745-1820-6 C0052